Benedikt Walsmann



# Gewohnheiten ändern

*Mit neusten Methoden der Psychologie dein Mindset ändern und Ziele erreichen für mehr Erfolg. Mehr Selbstdisziplin lernen, die Willenskraft stärken und die Produktivität steigern.*



Erstauflage 2020

RedFOX
VERLAG

*www.redfox-verlag.de*



ISBN: 9798682585427

# Inhalt

# Über den Autor

Benedikt Walsmann, geboren 1982 in Frankfurt am Main, studierte erfolgreich Psychologie an der Goethe Universität und widmete sich neben der Verhaltensforschung auch dem Bereich Marketing und Beratung. Das Erforschen menschlicher Verhaltensmuster in diversen Lebenssituationen interessierte ihn seit seiner Jugend, weshalb er sich in verschiedenen Bereichen der Psychologie weiterbildete. Nach zahlreichen qualifizierenden Seminaren, Zusatzausbildungen und Praktika arbeitete er nach dem Studium zunehmend im Bereich Unternehmensberatung und Management in mehreren großen Städten Deutschlands. Seine Kombination aus Wissen um den menschlichen Verstand und Strategien, dessen Potenzial voll auszuschöpfen, erwies sich als erfolgreich.

Heute lebt Walsmann zusammen mit seiner Frau in Köln und organisiert selbst Seminare für Führungspersonen, die von seinen Tipps für Produktivitätssteigerung und vermehrte

Lebensqualität profitieren. Nebenbei schreibt er Ratgeber zum Thema Selbstoptimierung, die bereits viele Leser*innen begeisterten und ihnen dabei halfen, selbstbewusster und willensstärker zu werden. Denn die Erkenntnisse und Methoden, die Walsmann den CEOs und Managern in seinen Seminaren näherbringt, lassen sich von der Arbeitswelt auf den Alltag übertragen. In einer von Leistungsdruck und Schnelllebigkeit geprägten Welt möchte Walsmann zeigen, wie man jeden Tag, das Meiste aus sich herausholt und seine Ziele erreicht, ohne dabei seine Gesundheit zu vernachlässigen. Er legt besonderen Wert auf verständliche Erklärungen und Tipps, die sich auf jede Lebenssituation anwenden lassen.

# Zu diesem Buch

Das bestimmte Verhaltensmuster zu Gewohnheiten werden, liegt in unserer Natur. Viele von ihnen sind fester Bestandteil unserer Persönlichkeit und aus unserem Leben nicht mehr wegzudenken. Der wach machende Kaffee am Morgen, das Zähneputzen, der Sonntagsspaziergang mit der ganzen Familie, Autofahren, die entspannende Pflegeroutine am Abend - was wären wir ohne diese bekannten kleinen und großen Rituale, die uns Sicherheit vermitteln und den Alltag zum Alltag machen?

Trotzdem gibt es auch Gewohnheiten, die man am liebsten für immer hinter sich lassen würde. Vor allem an gewissen Daten wie Silvester oder einem runden Geburtstag schleicht sich da dieser Gedanke ein, den du sicher auch schon einmal hattest: Es muss sich etwas ändern.

Wenn dir dieser Gedanke schon länger im Kopf herumgeistert und du ihn endlich ernst nehmen willst, ist dieses Buch genau das Richtige für dich. Egal wie schwer es scheint, wenn man nachhaltig etwas in seinem Leben verändern möchte, muss man sich früher oder später mit den eigenen Macken und Gewohnheiten auseinander setzen. Denn sie sind es meistens, die einen davon abhalten, sein Potenzial voll auszuschöpfen und die Person zu werden, die man gerne sein möchte. Doch was genau sind Gewohnheiten eigentlich, wie entstehen sie und inwiefern beeinflussen sie unser Leben? Was kann man alles unternehmen, um sich bestimmte Verhaltensmuster ab- oder anzutrainieren? Schneller die eigenen Ziele erreichen, selbstbewusster und entspannter werden, mehr aus sich herausholen; geht das wirklich alles nur dank neuen Gewohnheiten?

All diese Fragen und noch mehr werden dir in diesem Ratgeber beantwortet. Nach ausführlichen und verständlichen Erklärungen über unsere Psyche und den Grund für Gewohnheiten werde ich dir zeigen, mit welchen Tipps und Tricks du deine eigenen Gewohnheiten ändern kannst. Keine Sorge, ich werde dir nicht einfach erzählen, dass du jeden Tag zehn Mantren aufsagen musst, um nächsten Dienstag schon ein neuer Mensch zu sein. Ich weiß, wie schwierig die Reise hin zu neuen Verhaltensmustern sein kann, welche Hindernisse sich einem in den Weg stellen und wie hart einem Rückschläge treffen können. Ich versuche daher, dir verschiedene Möglichkeiten der Selbstoptimierung anschaulich und leicht verständlich aufzuzeigen. Zwar gibt es einige typische Angewohnheiten wie mangelnde Bewegung oder schlechte Ernährung, auf die ich natürlich eingehen werde, doch ich möchte dir vor allem erklären, welcher Mechanismus hinter Gewohnheiten steckt und wie du jede Art von Automatismen verändern kannst.

Fast alle meine Tipps lassen sich auf eine Vielzahl von Angewohnheiten anwenden und werden dir die Kontrolle geben, selbst zu entscheiden, auf welche Verhaltensweisen Körper und Geist trainiert werden.

Ich werde dir außerdem eine Reihe gesundheitsfördernder Gewohnheiten vorstellen, die sich ganz leicht in den Alltag integrieren lassen und deine Lebensqualität effektiv steigern werden. Wenn es um das menschliche Verhalten geht sind es nämlich wirklich die kleinen Dinge, die den Unterschied machen. Du wirst zudem erfahren, wie man am besten mit Rückfällen umgeht, wie du dir deine perfekte Routine zusammenstellst, dich selbst motivieren kannst und dein Selbstbewusstsein steigerst. Nach einer kurzen Zusammenfassung gibt es dann als Bonus noch eine 30-Tage Challenge, bei der du beweisen kannst, ob du das Gelernte auch in die Tat umsetzen kannst.

Solltest du auch nur ein paar der wertvollen Tipps und Tricks dieses Buches konsequent in deinem eigenen Leben durchsetzen, kann ich dir versprechen, dass du dich schon bald sicherer und wirklich „verändert“ fühlen wirst. Anstatt des „Es muss sich etwas ändern“-Gedankens wird sich dann am nächsten Silvester höchstens der „Ich will noch mehr an mir arbeiten“-Gedanke einschleichen. Und hört sich das für dich nicht viel besser an? Etwas wirklich zu wollen, anstatt es zu müssen?

In diesem Sinne wünsche ich dir viel Spaß mit meinem Buch und hoffe, dass du etwas für dich mitnehmen kannst!

# Gewohnheiten – Die Basics

Du hast dich also fest dazu entschlossen, deine Gewohnheiten zu ändern und dich selbst zu optimieren – super! Um dein Verhalten jedoch nachhaltig zu ändern und nicht nach zwei Wochen wieder in alte Muster zu verfallen, solltest du das Problem verstehen und deuten lernen. In diesem Kapitel erkläre ich dir genau, was Gewohnheiten überhaupt sind, welche Unterscheidungen es gibt und was in dir passiert, wenn sich eine Gewohnheit formt. Unser Gehirn ist ein echtes Meisterstück der Natur und noch immer nicht vollends erforscht, trotzdem gibt es einige interessante Theorien darüber, wie und warum Gewohnheiten zu Stande kommen.

## Was sind Gewohnheiten?

In der Gewohnheit ruht das einzige Behagen des Menschen – das sagte schon Johann Wolfgang von Goethe und hat wohl recht damit. Eine Gewohnheit ist eine Verhaltensweise, die unter den gleichen Umständen immer wieder in ein und demselben Reaktionsschema ausgeführt wird. Im Grunde hat jeder Mensch

Gewohnheiten, die er im Laufe seines Lebens entwickelt und von denen er einige nie ablegen wird. Denn ohne sie wären wir im täglichen Leben schlicht weg überfordert. Gewohnheiten entlasten uns, weil wir dank ihnen nicht alle paar Minuten neue Entscheidungen treffen und das Gehirn damit überfordern müssen.

Stell dir vor, du müsstest jeden Morgen erst einmal überlegen, welchen Knopf du auf der Kaffeemaschine drücken musst oder wie viel Milch und Zucker du im Kaffee haben willst. Ohne eine verinnerlichte Routine wüsstest du auch nicht, wie weit du den Wasserhahn beim Duschen für die perfekte Temperatur aufdrehen musst, mit welchen Bewegungen du am schnellsten deine Schnürsenkel bindest oder wie viel Marmelade du genau auf dem Brötchen willst. Über solche Handlungen denkst du nicht nach und könntest sie wahrscheinlich im Schlaf ausführen. Besonders kurz nach dem Aufstehen sind wir zudem meistens noch nicht richtig „hochgefahren" und gar nicht in der Lage, uns groß Gedanken um unser Verhalten zu machen. Der Autopilot in uns übernimmt. Das ist eine riesige Entlastung für das Gehirn, dass sich unterbewusst entspannen kann, weil wir den Ablauf der auszuführenden Handlung bereits verinnerlicht haben. Der Steuerungsapparat in unserem Kopf muss daher nicht lange nach einem Anweisungsplan für den Körper suchen.

Dieser Vorgang erleichtert nicht nur, er kann uns auch dazu verleiten, dass Gehirn für einen gewissen Zeitraum zu sehr auszuschalten. Auf dieses Phänomen lässt sich das Sprichwort „Macht der Gewohnheit" zurückführen. Besonders dann, wenn eine gewohnte Tätigkeit einmalig anders ausgeführt werden soll, kann es schwerfallen, gegen den Automatismus anzukämpfen und die Anweisung nicht einfach zu vergessen. Gehirn und Körper sind dabei so synchronisiert, dass wir nach dem Wahrnehmen bekannter Umweltreize eine gewohnte Handlung reflexartig ausführen, bevor wir uns überhaupt aktiv dazu entschlossen haben.

Die Redewendung „Der Mensch ist ein Gewohnheitstier" impliziert ebenfalls, dass Gewohnheiten zu unserer Natur gehören. Gleichzeitig lässt sich die evolutionäre Bedeutung von gelerntem Verhalten davon ableiten. Unser Überleben und unsere Entwicklung hängt mit Gewohnheiten zusammen, weil sie uns aufzeigen, welche Lebensweisen und Handlungen sich in brenzlichen Situationen als gewinnbringend erweisen und welche nicht.

Ein extremes Beispiel dafür, welche Gewohnheiten seit tausenden von Jahren in uns Schlummern und quasi in unsere DNA übergegangen sind, ist Arachnophobie - die Angst vor Spinnen. Natürlich hat nicht jeder Angst vor Spinnen, doch viele verspüren allein beim Anblick der Tiere ein unangenehmes Gefühl und haben sie nicht gerne in ihrer Nähe. Wie bei fast jeder Form von Phobie gibt es verschiedene Gründe für Arachnophobie. Eine der verbreitetsten Theorien hängt mit der Evolution zusammen und besagt, dass uns die Angst vor Spinnen von unseren Vorfahren vererbt wurde. In Deutschland gibt es in der Natur kaum Spinnenarten, die uns ernsthaft gefährlich werden können. Vor hunderttausend Jahren sah das noch anders aus; eine Vielzahl an giftigen Spinnen bevölkerte die Urwälder des heutigen deutschen Gebiets und anderer Teile des Kontinents. Sich vor den gefährlichen Tieren in Acht zu nehmen wurde für unsere Vorfahren notwendigerweise zur Gewohnheit und im Laufe der Evolution zum Instinkt.

Gewohnheiten können uns nicht nur individuell betreffen, sondern auch zu gesellschaftlich anerkannten, akzeptierten oder sogar erwarteten Normen werden. Dies geschieht, wenn sich gewisse Handlungen zu sozialen Sitten entwickeln und damit die Überzeugungen eines Kollektivs repräsentieren. Bekannte Beispiele sind Traditionen an Festtagen wie Weihnachten oder diverse Höflichkeitsformen im täglichen Umgang mit anderen Leuten. Damit haben Gewohnheiten also zusätzlich einen wichtigen sozialen Faktor, der uns Zusammengehörigkeit und ein Gemeinschaftsgefühl vermittelt, uns aber auch von anderen Gesellschaften abgrenzt.

# DAS ENTSTEHEN VON GEWOHNHEITEN

Wie kommen unsere Gewohnheiten nun genau zustande? Wir werden schließlich nicht mit ihnen geboren, sondern gewöhnen sie uns an – das liegt schon im Namen.

Die Forschung ging lange davon aus, dass sich Gewohnheiten und Routinen vor allem in den ersten 10 Lebensjahren manifestieren. Kinder übernehmen dann die Automatismen, die Ihnen hauptsächlich die Eltern vorgegeben haben. So entscheidet sich in dieser Phase z.B., auf welcher Seite wir mit dem Zähneputzen anfangen, in welchen Jackenärmel wir als erstes schlüpfen, wie laut wir kauen oder ob wir beim Laufen mit den Füßen schleifen. Außerdem lernen wir in unserer Kindheit den Lernprozess, der für das Entstehen von Gewohnheiten essenziell ist. Wenn ein Kind beispielsweise einen Turm aus Klötzchen baut, diesen seinen Eltern zeigt und dafür gelobt wird, wird es den positiven Einfluss seiner Handlung wahrnehmen und das Turmbauen wahrscheinlich wiederholen. Irgendwann wird ihm das Spiel so bekannt, dass es die Bewegungen völlig verinnerlicht und über den Prozess des Bauens gar nicht mehr nachdenkt.

Zu diesen Erkenntnissen gesellen sich neue Theorien der Neurowissenschaft und Psychologie, die das Entstehen von Gewohnheiten näher untersuchen. Wie bereits erwähnt sind Gewohnheiten Entlastungen für das Gehirn. Dieses sucht zu jeder Zeit nach Möglichkeiten, Energie zu sparen und Aktivität zu vermindern. Immer wiederkehrende Abläufe werden deswegen schnell registriert und es wird sofort unterbewusst versucht, ein Muster bzw. eine Routine der Handlung aufzubauen. Das hat zweierlei Vorteil; zum einen kann sich unser Denkapparat kleine Pausen gönnen, die es dank seiner immer bereiten Leistungsfähigkeit auch braucht. Schließlich muss es zu jeder Zeit alles im Blick haben, sich neuen Situationen anpassen und selbst im Schlaf noch Dinge verarbeiten. Zum anderen kann die eingesparte Denkenergie in Situationen nützlich sein, die ungewohnt sind und in denen wir wirklich aktiv etwas tun müssen, anstatt uns von Automatismen leiten zu lassen.

Gewohnheiten entstehen daher, weil uns das Gehirn sozusagen ohne großen Aufwand schützen will. Wir wissen, dass Bakterien uns krank machen können, also waschen wir nach bestimmten Ereignissen automatisch unsere Hände. Wir wissen, wie gefährlich der

Straßenverkehr ist, also schauen wir vor dem Überqueren der Straße nach rechts und links. Zwar sind wir in einer solchen Situation wachsam, doch die Bewegung des Kopfes ist eine angelernte Gewohnheit, die das Gehirn entlastet und uns vor Schaden bewahrt. Das gleiche gilt für den morgendlichen Blick in den Spiegel, das Richten der Frisur, das Auftragen von Make Up. Wir wollen repräsentabel aussehen, bevor wir uns der Außenwelt präsentieren. Um uns vor unangenehmen Blicken und Situationen zu schützen, gewöhnen wir uns diese Mechanismen an. In solchen Fällen schützt uns die Gewohnheit also vor Momenten, in denen wir womöglich Peinlichkeit und Unwohlsein auf Grund unserer Erscheinung verspüren könnten.

Anhand dieser Beispiele kannst du sicher erkennen, dass viele unserer Gewohnheiten an sich nicht schlecht sind, sondern uns sogar gut tun. Zum Problem werden solche alltäglichen Automatismen erst, wenn sich eine Zwangsstörung entwickelt. Dabei verspüren Menschen den Drang, bestimmte Gewohnheiten immer und immer wieder hintereinander auszuführen, um auf Nummer sicher zu gehen. So prüfen Sie z.B. öfter als nötig, ob eine Tür richtig abgeschlossen ist, ob der Herd wirklich aus ist oder die Arbeitsfläche sauber. Sie waschen sich zwanghaft die Hände oder entwickeln andere

Mechanismen, die über die normale Häufigkeit einer Gewohnheit hinaus gehen. Solche Neurosen können verschiedene Auslöser haben und sollten therapeutisch behandelt werden, wenn sie zum Problem werden und die Person belasten.

Im normalen Maße ausgeführt sind Gewohnheiten aber völlig natürlich und hilfreich. Jeder ist dabei unterschiedlich abhängig von ihnen. Während manche Menschen von gewohnten Abläufen schnell gelangweilt sind und nach Neuem suchen, sind andere froh über die Sicherheit, die Gewohnheiten vermitteln, und werden bei einer Änderung der bekannten Abläufe sofort panisch. Egal welcher Gruppe du dich zugehörig fühlst, du hast dieses Buch wahrscheinlich nicht gekauft, um praktische Alltagsroutinen abzulegen, sondern jene, die dich am Vorankommen im Leben hindern oder deine Lebensqualität vermindern. Auch das ist normal; der Drang Gewohnheiten abzulegen, von denen wir wissen, dass sie uns eigentlich nicht gut tun. Aber wieso fällt es uns so schwer, alte Verhaltensmuster abzulegen? Das hängt vor allem mit dem Entstehen der Gewohnheiten zu tun, genauer gesagt mit der Gewohnheitsschleife.

# DIE GEWOHNHEITSSCHLEIFE

Das Prinzip, das allen Gewohnheiten zu Grunde liegt und das du kennen solltest, ist die Gewohnheitsschleife. Sie ist dafür verantwortlich, dass wir Verhaltensmuster schnell annehmen, uns ihnen gegebenenfalls sogar anpassen und sie danach nur schwer wieder ablegen können.

Den ersten Teil der Schleife bildet ein Umweltreiz. Das Gehirn nimmt einen bestimmten Reiz wahr und versucht dann, einen Signalpunkt für eine Gewohnheit zu finden, der mit bereits bekanntem und gelerntem Verhalten verbunden werden kann. Es muss also ein Auslöser gefunden werden, der das Gehirn dazu bringt, so schnell wie möglich mit einem Automatismus zu reagieren. Besonders in einer stressigen Situation, in der wir uns unsicher fühlen, muss das Gehirn dafür viel leisten. Im zweiten Teil der Schleife wird eine Reaktion auf das Signal aus Teil eins entwickelt, an die sich das Gehirn halten kann. Damit diese Reaktion gespeichert wird und nicht wieder vergessen wird, braucht es im dritten Teil der Schleife eine Belohnung. Für die Zukunft wird sich das Gehirn vor allem an die Belohnung der Gewohnheitshandlung erinnern und dann den Automatismus in die Wege leiten.

Damit sich die Gewohnheit manifestiert, wird nach der anfänglichen Suche nach bekannten Mustern die Lernphase eingeleitet, die ich mit dem Turmbauen eines Kindes erläutert habe. Wir lernen, dass uns eine gewisse Handlung einen Vorteil bringt. Dann verinnerlichen wir sie, sodass das Gehirn in einer bekannten Situation nur noch kurz arbeiten muss, nämlich am Anfang und am Ende der Gewohnheitshandlung. Damit die Handlung nämlich ohne viel Denken durchgeführt werden kann, muss noch schnell gecheckt werden, ob sie in dem Moment wirklich angebracht ist.

All diese Vorgänge passieren im Bruchteil einer Sekunde und wir nehmen sie gar nicht wirklich wahr. Nach Abschluss der Lernphase hat sich ein routinierter Vorgang entwickelt, der auf ähnliche Situationen immer wieder angewendet werden kann und damit Sicherheit vermittelt.

Das hat sich jetzt alles vielleicht etwas abstrakt angehört. Kein Wunder, es ist ja auch ein komplexer und faszinierender Vorgang, über den du vielleicht noch nie genau nachgedacht hast.

Zur Veranschaulichung ein einfaches Beispiel: Du bist neu an der Universität und betrittst das erste Mal einen sehr großen Vorlesungsraum. Die Situation und die Umgebung sind dir noch neu, du bist nervös und scannst den Raum erst einmal ab. Wie viele Leute sind schon da, wo sitzen sie, und vor allem – wo setzt du dich hin? Dein Gehirn sammelt innerhalb einer Sekunde die nötigen Informationen und kommt zu dem Schluss, dass ein Platz in der Mitte des vorderen Teils des Vorlesungsraumes wahrscheinlich am besten ist. Das ist der Reiz, der erste Schritt. Die Suche nach Bedingungen, die deine Handlung logisch machen.

Du folgst also dem Signal und führst die noch ungewohnte Handlung aus, du setzt dich an den ausgesuchten Platz. Im Laufe der Vorlesung ergibt sich, dass du die richtige Entscheidung getroffen hast. Von hier aus hast du einen guten Überblick, siehst den Dozenten, bist von anderen Leuten umgeben, die der Vorlesung ungefähr die gleiche Aufmerksamkeit schenken wie du. Das ist die Belohnung. Du gehst nach der Vorlesung nach draußen und bist froh, dass du deinen Platz so gut ausgewählt hast.

In der nächsten Vorlesung setzt du dich dann an den gleichen Platz, denn du kennst ihn schon und weist, dass er dir zum Vorteil ist. Innerhalb kürzester Zeit entwickelt sich die Angewohnheit, sich immer einen mittleren Platz im vorderen Teil des Raumes zu suchen. Interessanterweise wählst du einen ähnlichen Platz dann mit hoher Wahrscheinlichkeit auch in anderen Räumen der Universität und fühlst dich somit sofort ein wenig sicherer, selbst wenn du noch niemanden kennst. Das ist die Gewohnheitsschleife. Solltest du bei der ersten Vorlesung merken, dass dir der Platz doch nicht gefällt - weil die Kommilitonen dort zu laut quasseln oder du nicht so gut siehst - wird sich das Gehirn das falsche Signal ebenfalls merken und beim nächsten Mal ein anderes suchen, also einen anderen Platz.

Kurz gefasst ist das der Grund dafür, warum wir unsere Gewohnheiten nur schwer koordinieren können - alte Gewohnheiten sind für das Gehirn ein Kinderspiel und werden deswegen als Reaktionshandlung bevorzugt, während neue Routinen erst einmal schwer zu erlernen sind und nicht sofort regelmäßig ausgeführt werden. Im Falle des Platzes im Vorlesungsraum ging die Gewohnheitsentwicklung recht schnell, andere Gewohnheiten, die mehr abverlangen, brauchen zum Manifestieren deutlich länger. Dazu zählt z.B. das Autofahren, das wir in der Regel erst nach Monaten oder sogar Jahren so sehr verinnerlicht haben, dass wir kaum noch über die Abläufe nachdenken.

# WIESO UNSER GEHIRN BEKANNTE VERHALTENSMUSTER LIEBT

Wenn unser Gehirn nicht so scharf auf bekannte Verhaltensmuster wäre, könnten wir diese wohl leichter nach unserem Belieben ändern. Die Sicherheit, die eine Gewohnheit bringt, brauchen wir nicht nur, wenn wir in der Welt unterwegs sind. Auch zu Hause lässt sich an vielen Situationen erkennen, was unser Gehirn bevorzugt.

Vielleicht kennst du das ja auch: Du willst dir abends entspannt einen Film oder eine Serie anschauen. Das Angebot ist heutzutage riesig, unsere Aufmerksamkeitsspanne begrenzt, also muss schnell etwas Spannendes her. Oder doch lieber etwas Romantisches, oder etwas Lustiges? Du gerätst ins Zweifeln, hast auf einmal doch keine Lust auf die Serie, die du schon seit zwei Wochen anfangen willst, und schwups – hast du schon wieder eine halbe Stunde damit vergeudet, dir die Auswahl an Entertainment anzusehen. Du bist frustriert und willst schon fast aufgegeben, da wird dir einer deiner Lieblingsfilme angezeigt und du freust dich, nun etwas für den Abend gefunden zu haben. Aber ist das nicht eigentlich verrückt? Klar, du hast vielleicht eine besondere Beziehung zu dem Film und magst die Handlung einfach. Aber überleg doch mal – da gibt es tausende von möglichen Dingen, die du schauen könntest, und du entscheidest dich ausgerechnet für einen Film, dessen Verlauf und Ende du sowieso schon kennst.

Der Grund dafür ist eben die Vorliebe des Gehirns, auf Nummer sicher zu gehen. Wieso hören wir uns alte Alben immer wieder an? Wieso schauen wir manchmal lieber einen Film mehrmals, als uns einen neuen, eigentlich verlockenden anzusehen? Weil unser Gehirn jede Möglichkeit nutzt, seine Aktivität runterzufahren und zur Ruhe zu kommen. Besonders in Phasen in unserem Leben, die von Unsicherheit oder Ängsten geprägt sind, neigen wir deswegen eher dazu, uns mit Bekanntem auseinander zu setzen. Wir freuen uns auf den alten Film, gerade weil wir ihn schon so gut kennen und uns quasi keine Sorgen um das Ende machen müssen. Unterbewusst können wir uns entspannen, gleichzeitig freuen wir uns trotzdem noch über bekannte Handlungen und geliebte Charaktere.

Bekanntes Verhalten gehört zu den großen Stützpfeilern unserer Psyche, die unserem Gehirn Sicherheit vermitteln und uns einiges an Sorgen abnehmen. Von klein auf lernen wir, welche Automatismen uns diese Sicherheit und Glücksgefühle vermitteln, weshalb es so schwer ist, Angewohnheiten zu koordinieren und zu „entlernen". Für das Verstehen und Ändern von Gewohnheiten ist eine Unterscheidung nötig, anhand derer du als erstes erkennen kannst, welche deiner Automatismen du überhaupt ändern solltest und welche nicht.

## GESUNDE UND UNGESUNDE GEWOHNHEITEN

Wir Menschen denken ja gerne in schwarz und weiß, und so teilen wir auch unser Verhalten in gut und schlecht ein. Im Tierheim aushelfen, seinen Freunden Ratschläge geben, immer der Erste im Büro sein = gut und lobenswert. Eine fettige Pizza essen, pausenlos Netflix schauen, immer zu spät kommen = schlecht und lasterhaft. Doch was ist, wenn der Erste im Büro sich dafür jeden Morgen abhetzt und schon gestresst die Zähne putzt, oder wenn die fettige Pizza am Wochenende die verdiente Belohnung für eine harte Arbeitswoche ist?

Viele Gewohnheiten lassen sich nicht einfach in gut und schlecht unterteilen, wie bei fast allem im Leben kommt es auf die Umstände an. Um bei meinen Beispielen zu bleiben; natürlich kann man auch der Erste im Büro sein, ohne sich abzuquälen und alle zwei Tage eine fettige Pizza zu essen ist keine wirkliche Belohnung mehr. Vor allem aber kann das Gehirn zwischen guten und schlechten Gewohnheiten nicht unterscheiden, da es sich hauptsächlich auf die

Gewohnheitsschleife an sich konzentriert, also Reiz, Handlung und Belohnung. Ob diese Belohnung im guten Geschmack eines Essens oder in denen durch Alkohol hervorgerufenen Glücksgefühlen liegt, ist ihm egal.

Die Kategorien, die ich auf Gewohnheiten lieber anwende, lauten gesund und ungesund. Vergiss, was gesellschaftlich als tugendhaft oder lasterhaft angesehen wird oder was die meisten Menschen als gute oder schlechte Angewohnheit bezeichnen. An vorderster Stelle sollte immer die Gesundheit stehen.

Es gibt Gewohnheiten, die sich ganz klar als ungesund klassifizieren lassen. Der Klassiker schlechthin ist das Rauchen. Die Kippe, der Glimmstängel, das Paffen; eine Gewohnheit, der Statistiken zu Folge ganze 28% der deutschen Bevölkerung nachgehen. Glücklicherweise sinkt das Verlangen nach Zigaretten seit mehreren Jahren, besonders bei Jugendlichen, doch viele kommen einfach nicht los vom Rauchen. Dabei ist allgemein bekannt, wie gesundheitsschädlich die Angewohnheit ist. Mal abgesehen vom erhöhten Krebsrisiko, für sich selbst gefährdet man mit dieser Angewohnheit zusätzlich seine Mitmenschen. Es ist sogar gesetzlich geregelt, dass auf jeder Zigarettenschachtel und auf jeder Tabakpackung vor den gesundheitlichen Risiken des Konsums gewarnt werden muss, Bilder von Krebspatienten und von an Maschinen angeschlossenen Menschen verdeutlichen die Gefahr. Trotzdem ist es schwer, mit dem Rauchen aufzuhören, weil die Inhaltsstoffe der Zigarette und die damit einhergehende körperliche Beruhigung einfach eine zu erstrebenswerte Belohnung für den Körper ist, als dass man die Gewohnheitsschleife einfach durchbrechen könnte.

Zu dieser Kategorie von ungesunden Gewohnheiten gehören zudem mangelnde Bewegung, Trägheit, vermehrter Alkoholkonsum und eine schlechte Ernährung. Dabei können Angewohnheiten nicht nur körperlich, sondern auch emotional einen negativen Einfluss auf uns haben. So sind schnelles Aufgeben, Planlosigkeit, Pessimismus, schnelles Aufbrausen oder Lügen ebenfalls ungesunde Angewohnheiten, die die Lebensqualität verringern.

Eine der am häufigsten verbreiteten ungesunden Gewohnheiten ist das Überarbeiten, mit dem besonders die Deutschen zu kämpfen haben. Immer mehr Arbeitnehmer lassen sich auf Grund von Burnout, Depression oder Angststörungen krankschreiben. Diese Krankheiten lassen sich in den meisten Fällen auf Überanstrengung und ungesunden Ehrgeiz zurückführen.

Gesunde Gewohnheiten sind im Gegensatz dazu eine Bereicherung in unserem Leben. Sie vermitteln nicht nur ein Gefühl von Sicherheit und Routine, sondern machen uns langfristig auch glücklicher und ausdauernder. Sie tragen keine Nebenwirkungen mit sich, wie es beispielsweise der Konsum von Alkohol tut, und haben oft mehrere gesundheitsfördernde Eigenschaften.

Ein bekanntes Beispiel ist Laufen. Viele Menschen, die das Laufen für sich entdeckt haben, berichten, dass sie dank regelmäßigem Joggen nicht nur körperlich, sondern auch psychisch gestärkt sind. Zu diesen Menschen zähle auch ich selbst. Ob anstrengendes Joggen oder ein entspannter Spaziergang durch den Wald, die Bewegung hilft mir immer dabei, meine Gedanken zu ordnen und meine Kreativität zu steigern.

Eine gesunde Ernährung hat ebenfalls positive Auswirkungen auf Körper und Geist, da die Ernährung z.B. die Aktivität des Gehirns beeinflusst. Auf der Ebene der zwischenmenschlichen Bindungen sind Gewohnheiten wie regelmäßige Telefonate oder Treffen mit Freunden und Familie gesund.

Es gibt natürlich noch viel mehr gesunde Gewohnheiten, auf die ich im Verlauf dieses Buches noch näher eingehen werde. Im Moment ist es erst einmal wichtig, dass du verstehst, welche deiner Gewohnheiten du überhaupt ändern solltest. Wie regelmäßig führst du eine Gewohnheit aus? Wie fühlst du dich vor, während und nach der gewohnten Handlung? Wie beeinflusst die Gewohnheit deine Emotionen, dein Denken, deinen Körper und die Menschen um dich herum? Wenn du dir über diese Fragen im Bezug auf dein tägliches Verhalten bewusst wirst, wirst du schnell merken, welche Automatismen dir gut tun und welche nicht. Dieser Schritt ist essenziell, denn erst wenn du deine ungesunden und gesunden Gewohnheiten verstehst, kannst du sie ändern oder optimieren.

# SPEZIALFALL SUCHTERKRANKUNGEN

Wenn ungesunde Gewohnheiten akut und andauernd die Gesundheit eines Menschen bedrohen, sprechen wir von einer Suchtkrankheit. Diese extreme Form der Gewohnheit macht dann nicht nur psychisch, sondern vor allem körperlich abhängig und wird mit der Zeit immer gefährlicher. Betroffene sind dann auf die Einnahme von Substanzen oder das Wiederholen von Verhaltensweisen angewiesen.

Allgemein wird unterschieden zwischen körperlicher Abhängigkeit und psychischer Abhängigkeit. Die körperliche Abhängigkeit äußert sich vor allem in Entzugserscheinungen und der Entwicklung einer Toleranz, sodass der Abhängige immer größere Mengen einer Substanz zum Erzielen der gewünschten Wirkung braucht. Die psychische Abhängigkeit besteht im starken Verlangen, die Substanz einzunehmen oder einer Verhaltensweise nachzugehen, um einen gewissen Zustand zu erreichen. Dieses Verlangen entwickelt sich immer mehr zur Gier, sodass der Betroffene seinen eigenen Willen kaum noch kontrollieren kann und sich dazu gezwungen sieht, alles zu tun, um diese Gier zu befriedigen.

Diese beiden Arten der Abhängigkeit begründen und verstärken sich gegenseitig. Selbst wenn die Person weiß, dass beispielsweise der Konsum von Alkohol nicht gut für sie ist, kommt sie nicht gegen die Sucht an und kommt dem Verlangen nach. Das führt oft zu Frustration, nicht nur beim Abhängigen selbst, sondern auch bei den ihm oder ihr nahestehenden Personen, die gerne helfen würden.

Wichtig ist zudem die Unterscheidung zwischen substanzgebundenen und substanzungebundenen Abhängigkeiten. Eine wie eben beschriebene Alkoholabhängigkeit gehört zur ersten Kategorie, ebenso wie die Sucht nach anderen Drogen oder Medikamenten wie Tabak, Halluzinogenen, Kokain oder Opiaten. Zur zweiten Kategorie gehören Abhängigkeiten wie die Spielsucht, wobei Betroffene durch z.B. Glücksspiele in einen regelrechten Rausch kommen und sich auf Grund ihrer Sucht von Freunden und Familie distanzieren. Jede Art von Suchterkrankung geht mit verheerenden Konsequenzen einher, die sich individuell entwickeln. Typische Anzeichen einer fortgeschrittenen Sucht sind z.B. unpünktliches Erscheinen auf der Arbeit, eine Verschiebung der Prioritäten im Leben, abnehmende soziale Kontakte und eine gesenkte Hemmschwelle.

Die Gründe für eine Suchterkrankung sind von Person zu Person unterschiedlich. Oft sind traumatische Erlebnisse oder unterdrückte schlechte Erinnerungen ein Auslöser, auch

Stress und andere psychische Krankheiten wie Angststörungen oder Depressionen können zu einer Sucht führen. Manche Menschen sind durchaus anfälliger für Abhängigkeiten, im Grunde kann aber jeder einer ungesunden Sucht erliegen. Ob die Abhängigkeit schwerwiegend oder sogar lebensbedrohlich wird, ist abhängig davon, wie schnell eingegriffen wird und wie viel Unterstützung die betroffene Person von ihrem Umfeld erhält. Vorurteile und Ablehnung sind oft Gründe dafür, warum Suchtkranke sich lange Zeit schämen und keine Hilfsangebote in Anspruch nehmen.

An dieser Stelle möchte ich darauf aufmerksam machen, dass du, solltest du den Verdacht bei dir oder einem dir nahestehenden Menschen auf eine Suchtkrankheit haben, dich in jedem Fall an einen Arzt wenden solltest. Es gibt zahlreiche Hilfsangebote, die in einem solchen Fall in Betracht gezogen werden können. Viele Organisationen sind speziell auf bestimmte Arten von Suchterkrankung spezialisiert und bieten effektive Therapien an.

Ich möchte klar machen, dass ich mich in diesem Ratgeber auf das Ändern von alltäglichen Gewohnheiten konzentriere, nicht auf extreme Fälle von Abhängigkeit. Zwar fangen viele Suchterkrankungen mit ungesunden Gewohnheiten an, doch ihre Behandlung ist weitaus komplexer als das Abgewöhnen von

Unorganisiertheit, mangelnder Bewegung und ähnlichen alltäglichen Gewohnheiten.

# WIESO GEWOHNHEITEN ÜBERHAUPT ÄNDERN?

Normalerweise sind Gewohnheiten keine Suchterkrankungen, sondern Verhaltensweisen, die sich unser Gehirn zum Ziel der Energiesparung aneignet und die wir deshalb nur schwer wieder ablegen können. Während die meisten Automatismen uns das Leben erleichtern oder uns schützen, stören wir uns an manchen auch. Dazu gehören Gewohnheiten wie ständiges Zuspätkommen, Faulheit, schnelles Ausrasten oder ungesunde Ernährung. Doch sollten, müssen wir diese Angewohnheiten unbedingt ändern? Vielleicht gehören sie einfach zu unserem Charakter. Es gibt schließlich Gründe dafür, warum wir sie uns angeeignet haben.

Anders gefragt, wenn unser Gehirn diese Angewohnheiten erlernt, um Handlungsprozesse zu vereinfachen oder uns zu kleinen Glücksmomenten zu verhelfen, sind sie dann nicht gerechtfertigt?

In gewisser Weise natürlich schon, so gut wie nichts an unserem Verhalten ist jemals willkürlich und meist regelt das Unterbewusstsein viele Prozesse und Verlangen. Viele Menschen finden es an sich nicht schlimm, sich wenig zu bewegen oder ihre eher pessimistischen Ansichten zu behalten. „So bin ich eben", heißt es dann, oder „Menschen können sich sowieso nicht wirklich ändern“.

Der springende Punkt ist; du kannst dich dazu entscheiden, so zu denken und weiterzuleben. Da du dir dieses Buch zugelegt hast bin ich jedoch sicher, dass du nicht zu diesen Personen gehörst. Du möchtest dich verändern, weiterentwickeln, selber herausfinden, zu was du fähig bist. Unsere Zeit auf der Erde ist begrenzt und wir sollten sie so gut es geht nutzen, um uns selbst und die Welt zu ergründen. So nützlich Gewohnheiten auch sind, viele von ihnen hindern uns daran, alle Seiten an uns kennenzulernen und unsere Möglichkeiten zu nutzen. Dass es Energie und Überwindung kostet, seine Angewohnheiten zu analysieren und zu ändern, ist klar. Das möchte ich gar nicht abstreiten. Aber ich kann dir versichern, dass sich die Mühe auszahlen wird. Indem du deine Gewohnheiten änderst, führst du dir selbst vor Augen, welche Art von Mensch du sein kannst. Das ist ein unglaublich belohnender und faszinierender Prozess, den meiner Ansicht nach jeder einmal erleben sollte. Durch das Ändern von Gewohnheiten wird etwas in dir in Gang gesetzt, dass dein ganzes Leben ändern kann.

Vielleicht gewöhnst du dir nur ab, nach Rückschlägen immer die Motivation zu verlieren, oder morgens immer gestresst zu sein. Oder du gewöhnst dir an, deine Tage besser zu planen und mindestens einmal in der Woche Sport zu machen. Das sind auf den ersten Blick kleine Veränderungen in deinem Alltag, die dein Umfeld womöglich gar nicht mitbekommt, doch die Effekte dieser Umgewöhnung können viele Lebensbereiche nachhaltig beeinflussen und verbessern. Durch das Ab- oder Angewöhnen von nur einer Gewohnheit kann eine Kettenreaktion entstehen, dank derer du deine Ziele schneller erreichst, besser mit schwierigen Situationen zurechtkommst und selbstbewusster wirst. Weil du gelernt hast, mit Rückschlägen umzugehen, kannst du besser aus Fehlern lernen und neue Energie in das nächste Projekt stecken. Weil du deine Morgenroutine entspannter gestaltest, hast du Zeit für ein ausgiebiges Frühstück und bist den ganzen Tag über konzentrierter. Seit dem du organisierter bist, hast du mehr Zeit für deine Familie und kannst dir sogar ein neues Hobby zulegen. Beim wöchentlichen Schwimmen hast du schon zwei neue Leute kennengelernt, mit denen du dich über deine sportlichen Erfolge austauschen kannst. Das sind nur ein paar Beispiele dafür, welche positiven Nachwirkungen das Ändern von Gewohnheiten haben kann.

Ich glaube, dass wirklich jeder seine Routinen ändern und dadurch zufriedener mit sich selbst werden kann. Wenn der Wille einmal da ist, gefestigt wird und sich zum Ziel entwickelt, kann die Reise hin zu neuen gesunden Gewohnheiten zum Heilungs- und Lernprozess werden. Wer sich einmal näher mit dem eigenen Verhalten auseinander gesetzt hat, wird darüber hinaus zu einem emphatischeren Menschen, der sich besser in andere hineinversetzen kann. Weil man sich dank der neuen, gesunden Gewohnheiten weiterentwickelt und zufriedener mit sich ist, fällt es auch leichter, anderen gegenüber gelassen zu sein und seine Hilfe anzubieten.

Wieso du deine Gewohnheiten also ändern solltest, selbst wenn du einigermaßen zufrieden mit dir selbst bist? Weil sich dir auf diese Weise neue Möglichkeiten erschließen und du Seiten an dir selbst kennenlernst, von denen du bis dahin nicht mal wusstest, dass sie existieren.

# Gewohnheiten langfristig ändern

Tja, und wie genau funktioniert das Ändern von Gewohnheiten nun? Dafür müssen wir wieder auf die Gewohnheitsschleife zurückkommen. Lediglich zu wissen, dass etwas nicht gut für uns ist, hält uns nicht davon ab, unsere automatischen Verhaltensweisen zu ändern. Um die schlechte Gewohnheit sozusagen an der Wurzel zu packen, müssen wir als erstes ihren Auslöser identifizieren und von da aus weiterarbeiten. Das ist der erste und wichtigste Schritt. Nur so kann die Gewohnheit an sich analysiert und dann bewusst verändert werden. Danach muss der dritte Teil der Schleife analysiert werden, die Belohnung, die der Gewohnheit folgt.

Sind Reiz und Belohnung einmal identifiziert, sollte vorrangig der Reiz eliminiert bzw. verändert werden. Dadurch wird die Kettenreaktion von Reiz und Handlung unterbrochen und es fällt dir leichter, dich von einer Gewohnheit zu lösen. Im nächsten Schritt belohnst du dich selbst für das Ändern deiner Verhaltensweise, sodass du dich immer wieder selbst motivierst und die Wahrscheinlichkeit sinkt, dass du rückfällig wirst. Natürlich können Rückfälle trotzdem vorkommen, das solltest du von

Anfang an einkalkulieren. Allerdings gibt es Mittel und Wege, sie zu verhindern und sich nicht von ihnen demotivieren zu lassen. Im Folgenden werde ich auf den Prozess des Änderns deiner Gewohnheiten genau eingehen.

## WIE ANFANGEN?

Die Ursache für deine Gewohnheit herauszufinden ist in der Regel nicht schwer. In meinem Beispiel vom Sitzplatz in der Uni habe ich bereits einen Reiz genannt; ein ungewohnter Ort und eine neue Situation, die zusammen die Notwendigkeit ergeben, eine Gewohnheit zu formen, um sich sicherer zu fühlen. Orte spielen bei alltäglichen Gewohnheiten allgemein eine große Rolle. Mit jeder Umgebung, in der wir uns befinden, assoziieren wir unterbewusst bestimmte Emotionen und Automatismen. Vielleicht ist dein erster Reflex, wenn du morgens ins Büro kommst, etwas Süßes zu essen. Oder du beschäftigst dich konstant mit deinem Handy, sobald du in der Bahn sitzt. Gegen solche Verlangen kommst du häufig nur sehr schwer an, weil die Gewohnheit schon stark an die Umgebung gebunden ist, in der du dich in dem Moment aufhältst. Dabei ist es egal, welche Bahn du beispielsweise betrittst. Ob in der Regionalbahn, mit der du jeden Morgen fährst, oder der S-Bahn, mit der du mal außerplanmäßig fahren musst, wahrscheinlich wirst du dich dort so oder so sofort deinem Handy widmen.

Reize können außerdem mit der Tageszeit zusammenhängen. Sobald es dunkel wird, verspürst du ein vermehrtes Verlangen nach fettigem Essen. Nach dem morgendlichen Kaffee brauchst du eine Zigarette. Tageszeit und Ort sind Reize, die sich mit am einfachsten analysieren lassen. Schwieriger ist es, sie als Auslöser einer Gewohnheit zu verändern. An der Tageszeit oder dem Umstand, dass du zu einer gewissen Zeit immer am gleichen Ort sein musst, kannst du nichts ändern. Trotzdem ist der erste Schritt schonmal getan, wenn du erkennst, dass sie der Auslöser für einen Automatismus sind.

Es gibt darüber hinaus Gewohnheiten, die auf Emotionen basieren. Oft bilden vor allem negative Emotionen Reize, auf die wir mit einem Automatismus reagieren. Wenn du frustriert bist kannst du dich erst wieder abregen, wenn du online mindestens zwei Sachen gekauft hast. Wenn du gestresst bist, kaust du an deinen Nägeln. Bist du wütend, spürst du ein starkes Verlangen nach Schokolade. Gewohnheiten, die wir mit Emotionen verbinden, sind mit am schwersten zu verändern. Doch auch hier gilt: wenn du bereits weißt, welche Gefühle zu der ungesunden Gewohnheit gehören, ist das ein guter Ausgangspunkt.

Der Auslöser einer Gewohnheit kann zudem mit Personen deines Umfelds bzw. mit gesellschaftlichen Normen in Verbindung stehen. Ein klassisches Beispiel dafür ist das Partyrauchen, wobei man im Alltag nicht raucht, sich in Gesellschaft von anderen auf einer Feier aber dazu verleiten lässt. Hierbei kommt es insbesondere auf die verschiedenen Gruppen von Leuten an, mit denen du regelmäßig interagierst. In Anwesenheit gewisser Kollegen hast du vielleicht die Angewohnheit, auf Grund von hohen Erwartungen schlechter über deine eigene Arbeit zu denken. Oder du neigst in Gesellschaft mancher Familienmitglieder dazu, alte Konflikte wieder heraufzubeschwören.

Solche Gewohnheitsreize herauszufinden erfordert einiges an Selbstreflexion. Du musst in der Lage sein, dir selbst Eingeständnisse machen zu können, ohne in Selbstmitleid oder Frustration zu verfallen. Womöglich sind dir die Auslöser mancher Gewohnheiten schon lange bewusst, du willst sie dir bloß nicht eingestehen. Oder die Reize kommen dir so unüberwindbar und machtvoll vor, dass du das Gefühl hast, nicht gegen sie ankommen zu können. Versuche am besten gar nicht erst in diesen Gedankenstrudel zu geraten, er hält dich nur von deinem Ziel ab. Wichtig ist zuerst nur, die Auslöser deiner Gewohnheiten zu finden, da sie es sind, die die Verhaltensmuster in Gang setzen.

# BESTANDSAUFNAHME DES ALLTAGS

Um die Reize der Gewohnheiten herauszufinden hilft es immens, eine Bestandsaufnahme des eigenen Alltags zu machen. Das geht auf verschiedene Weise. Du kannst dich dabei nur auf die Gewohnheiten konzentrieren, die du loswerden willst, und dich quasi selbst in flagranti zu erwischen. Gehst du der Gewohnheit nach, fertigst du währenddessen oder direkt danach eine Liste an. Denke über deine jetzige Situation nach und notiere, wo du dich befindest, wie viel Uhr es ist, wie du dich vor der Handlung gefühlt hast, welche Menschen sich in deiner Umgebung befinden und welche Handlung der Gewohnheit vorausging. Das kann dann so aussehen:

Gewohnheit: Schokoriegel essen

Wo: auf der Arbeit

Uhrzeit: 9 Uhr

Gefühl vor der Handlung: Heißhunger

Umfeld: Kollegen

Vorherige Handlung: Auf der Arbeit ankommen

Du hältst die verschiedenen Faktoren in den Notizen deines Handys oder in einem kleinen Notizbuch fest. Nach ein bis zwei Wochen vergleichst du deine gesammelten Daten und versuchst herauszufinden, welche Faktoren bei welcher Gewohnheit immer gleich sind. Somit kannst du dir über den Reiz sicher sein und hast eine recht gute Vorstellung davon, wieso du so handelst, wie du es tust.

Um einen noch besseren Überblick über deine jetzige Routine zu erlangen, kannst du auch gleich eine komplette Bestandsaufnahme deines Alltags machen. Dafür schreibst du auf, wie ein typischer Arbeitstag, ein typischer freier Tag und ein typisches Wochenende bei dir aussehen. Daraus lassen sich womöglich weitere Gründe für Gewohnheiten finden, die mit deinem allgemeinen Gemütszustand zu tun haben. Dir fällt vielleicht auf, dass du am Wochenende mehr trinkst, wenn die Woche sehr anstrengend war. Oder dass dir die Motivation für deine Hobbys extrem fehlt, wenn du mehrere Tage hintereinander frei hast.

Die Bestandsaufnahme sollte dir nicht nur Gewohnheitsreize vor Augen führen, sondern auch die Belohnungen, welche du mit einer bestimmten Angewohnheit verknüpfst. Warum schüttet dein Körper Dopamin aus, wenn du eine gewisse Handlung ausführst? Ist es eine körperliche oder psychische Belohnung? Dieser Schritt ist ebenfalls von großer Wichtigkeit, da jede Gewohnheit nicht nur einen Auslöser, sondern auch ein Endziel braucht.

Manchmal ergibt es sich, dass mehrere Dinge als Belohnung für eine Handlung in Frage kommen. In dem Fall musst du ein wenig experimentieren. Rauchst du gerade aus Langeweile oder weil dein Körper nach Nikotin verlangt? Versuche, deine Langeweile mit etwas anderem zu bekämpfen. Trinkst du gerade Alkohol, weil du Lust auf den Geschmack hast, oder weil du dich dann der Gruppe zugehöriger fühlst? Bestelle einen alkoholfreien Drink und finde heraus, ob du dich dann von den anderen distanziert fühlst oder ob du vom Geschmack enttäuscht bist.

So arbeitest du Schritt für Schritt heraus, wieso deine Gewohnheiten überhaupt zustande kommen. Das macht es weitaus einfacher, sie zu ändern.

# NEUE REIZE & ROUTINEN

Nun gilt es deine Umwelt umzugestalten, sodass Reize und/oder Belohnungen für schlechte Gewohnheiten aufgelöst werden. Wie bereits angedeutet, kann das bei bestimmten Gewohnheiten mal einfacher und mal schwerer sein. Das Ziel ist es, die gewohnte Handlung möglichst unattraktiv zu machen. Somit wird dem Gehirn signalisiert, dass mit dem Ausführen der Gewohnheit keinerlei Energie gespart wird oder dem Körper Vergnügen bereitet wird, im Gegenteil, die Handlung ist anstrengend und unnötig.

Ein einfaches Beispiel: Du hast die Angewohnheit, morgens nach dem ersten Klingeln des Weckers immer wieder auf die Schlummer-Taste zu drücken. Im Halbschlaf hebst du alle paar Minuten den Arm und bringst dich doch jedes Mal nicht dazu, endgültig aufzustehen. Der Auslöser für die Handlung ist das unangenehme Geräusch des Weckers, die Handlung ist das Drücken auf die Schlummer-Taste, die Belohnung ist das Zurücksinken in den Schlaf, was dein Körper begehrt. Veränderst du nun den Reiz und damit die Handlung, löst sich die Belohnung auf.

Du könntest deinen Wecker zum Beispiel auf einen Tisch oder ein Regal am Ende des Zimmers stellen, so weit weg von deinem Bett wie möglich. Der Reiz, also das Klingeln des Weckers, weckt dich dann trotzdem, doch um die Handlung des Drückens auf die Schlummer-Taste auszuführen, bist du nun dazu gezwungen, aufzustehen. Die Belohnung ist damit so gut wie verschwunden; bist du einmal aufgestanden, verringert sich die Wahrscheinlichkeit, dass du noch einmal einschläfst. Außerdem müsstest du, um die Schlummer-Taste nach ein paar Minuten erneut zu drücken, immer wieder aufstehen. Von Belohnung kann man da wirklich nicht mehr sprechen.

Ein weiterer Schlüsselpunkt für das Ablegen von ungewünschten Gewohnheiten ist die Wiederholung. Nur so festigen sich Verhaltensmuster nachhaltig und die Versuchung, der alten Gewohnheit nachzukommen, wird immer schwächer. Am Anfang mag es dir noch schrecklich vorkommen, jeden Morgen sofort aus dem Bett zu steigen, um den Wecker auszuschalten. Aber bald wird dein Gehirn merken, wie viel leichter dir das Aufstehen fällt und wie viel Zeit du dir sparst, die du nun für ein gesundes Frühstück aufwenden kannst.

Am leichtesten ist es, schlechte Gewohnheiten durch neue, gesunde Angewohnheiten zu ersetzen. Das Abtrainieren von Automatismen ist wie gesagt schwierig und dauert etwas, das Angewöhnen hingegen fällt oft um einiges leichter. Weil du dich auf eine neue Gewohnheit einstellst und dich auf die Belohnung konzentrierst, die du durch sie erfährst, bist du von Reiz und Belohnung der alten Gewohnheit abgelenkt. Trickse dein Gehirn also aus, indem du wieder auf neue und attraktive Auslöser setzt.

Noch ein Beispiel: Jeden Sonntag morgen liegst du ein paar Stunden im Bett und schaust fern. Dabei würdest du diese freie Zeit lieber nutzen, um eine Runde im Park zu joggen. Um die alte Gewohnheit weniger reizvoll zu machen, kannst du am Abend zuvor die Fernbedienung tief in irgendeiner Kommode verstecken, ein Handtuch über den Bildschirm hängen oder sogar das Kabel des Fernsehers über das Wochenende herausziehen. So wird das Fernsehschauen direkt nach dem Aufstehen weniger reizvoll, da du etwas an Aufwand aufbringen müsstest, um das Gerät überhaupt anzuschalten. Für die neue Gewohnheit, das Joggen, muss jetzt ein neuer Reiz her. Lege dir dafür deine Sportklamotten am Abend zuvor gut sichtbar raus oder erstelle dir eine Playlist mit Songs, die dich zum Laufen motiviert. Oder verabrede dich frühzeitig mit einem guten Freund zum Joggen. Diese Anreize motivieren dich dann dazu, der neuen Gewohnheit nachzukommen. Die resultierende Freude darüber, dass du dich tatsächlich überwunden hast, ist die Belohnung, die dein Gehirn empfängt. Wenn du diese Vorgänge nun jedes Wochenende wiederholst, wird sich nach und nach die neue Gewohnheit festigen.

Achte ganz besonders darauf, zuverlässige Auslöser zu wählen. Dich mit einem Freund zum Sport zu verabreden motiviert dich zwar, wenn du allerdings nur dann Sport machst, wenn er es auch tut, verhindert dies die Bildung einer festen Gewohnheit. Wenn dein Freund nämlich mal nicht kann, weil er krank oder anderweitig verhindert ist, sinkt die Wahrscheinlichkeit, dass du allein Sport treibst. Ein Wochentag oder eine bestimmte Uhrzeit ist demnach zuverlässiger und damit wirksamer.

Du siehst also, dass Planung und gezieltes Tricksen sehr vorteilhaft sind. Indem du dich mit deinen unerwünschten Verhaltensweisen auseinandersetzt und dein Gehirn gezielt so manipulierst, dass bestimmte Folgen von Gewohnheiten auf einmal unattraktiv werden, fällt es dir leichter, diese Gewohnheiten abzulegen. Stattdessen konzentriert sich dein Gehirn auf die neue Gewohnheit, die bei dir Stolz und Glücksgefühle hervorruft und dazu noch viel gesünder ist als der alte Automatismus.

Ziehe immer wieder deine Bestandsaufnahme des Alltags hinzu und überlege dir bewusst, wie du die individuellen Auslöser verändern kannst.

# HEILENDE ACHTSAMKEIT

Achtsamkeit ist etwas, dass dir beim Koordinieren deiner Gewohnheiten hilft und sich ganz leicht antrainieren lässt. Im hektischen Alltag kann es schon mal schwerfallen, mit sich und anderen achtsam umzugehen. Ständig denken wir an Vergangenes oder an die Zukunft, machen uns sorgen, handeln ohne nachzudenken oder denken zu viel nach. Achtsamkeit bedeutet, die Gegenwart voll wahrzunehmen und den Moment zu achten, ohne ihn zu bewerten.

In Bezug auf deine Gewohnheiten ist Achtsamkeit vor allem wichtig, um zu erkennen, in welchem Stadium des Wandels du dich befindest und was dich daran hindert, deinen Zielen näher zu kommen. Vor und während des Änderns deiner Gewohnheiten solltest du dir deswegen immer wieder die Frage des Warums stellen. Warum willst du diese Gewohnheit loswerden und eine andere erlernen? Wird dein Leben dadurch einfacher oder wirst du glücklicher? Welche Vorteile hat es, diese Gewohnheit loszuwerden? Willst du die Gewohnheit womöglich nur ändern, um anderen Menschen zu gefallen, um dich anzupassen oder um jemandem zu imponieren? Willst du etwas kompensieren oder deine wahren Empfindungen verstecken?

Deine persönliche Motivation bestimmt, wie gut du bei deiner Selbstoptimierung vorankommst. Wenn dir zwischendurch auffällt, dass du dich beim Erlernen einer neuen Gewohnheit abquälst, weil du damit eigentlich nur jemand anderen beeindrucken willst, solltest du deine Motivationen noch einmal überdenken. Nur wenn deine Absichten aufrichtig sind und du wirklich für dich selbst an dir arbeiten willst, werden sich deine neuen Routinen festigen und dein Leben positiv beeinflussen.

Achtsamkeit lässt sich leicht in den Alltag integrieren, indem du immer wieder anhältst und dich genau auf den Moment konzentrierst. Versuche dich beim Mittagessen nur auf das Kauen und den Geschmack des Essens zu konzentrieren, anstatt etwas auf dem Handy nachzuschauen. Fokussiere dich beim Duschen mal nur auf den Druck des Wassers, ohne andere Gedanken an dich heran zu lassen. Achte beim Bahnfahren nur auf die Landschaft, die an dir vorbeizieht. Natürlich hilft alternativ die klassische Meditation dabei, achtsamer zu sein, aber wenn du in solchen Situationen aufmerksamer bist, macht das schon eine Menge aus. Es hilft dir dabei, bewusster zu leben und die Umwelt mit deinen Sinnen voll wahrzunehmen. So fällt dir z.B. schneller auf, wenn dich die Gedanken an eine alte Gewohnheit ablenken, oder du registrierst besser, wieso du dich in einer bestimmten Situation unwohl fühlst.

## GESUNDE REFLEXION

Achtsamkeit bedeutet im Übrigen auch, achtsam mit sich selbst umzugehen. Ich bin bereits einmal auf den Unterschied zwischen gesunden und ungesunden Gewohnheiten eingegangen. Ebenso wichtig ist gesunde statt ungesunde Reflexion. Wenn du dich in Selbstreflexion übst und deine Gewohnheiten änderst, solltest du immer darauf achten, auf deine eigene Gesundheit und die Vorteile des Prozesses zu achten. Es ist aber auch wichtig anzuerkennen, wenn du einer gewissen Gewohnheit nachgehst, weil sie dich einfach glücklich macht.

Das oberste Ziel beim Gewohnheiten ändern muss nicht immer sein, zu jeder Tageszeit effizient zu sein und sich zu verausgaben. Achte auf deine Gefühle und eine gesunde Reflexion; werde nicht wütend, wenn du in deinen Augen etwas falsch gemacht hast oder dich z.B. während einer Konfrontation nicht gut genug ausgedrückt hast. Versuche nicht, in jeder Sekunde deines Lebens produktiv zu sein und immer mehr zu arbeiten. Ein solches Verhalten mag sich für eine gewisse Zeit stärkend und lohnend anfühlen, du wirst aber schnell feststellen, dass du auf Dauer zu viel Energie verbrennst und dich schon nach kurzem ausgepowert fühlst. Außerdem führt dieses Mindset dazu, dass du jedes Mal ein schlechtes Gewissen bekommst, wenn du dir einen ruhigen Abend machst und nicht produktiv bist. Du gerätst dann in eine Spirale aus Selbsthass, Selbstmitleid und geistiger Ohnmacht, aus der du kaum mehr herauskommst und die dir jede Art von Motivation nimmt.

Gesunde Reflexion heißt, anzuerkennen, wann wir wieso auf eine bestimmte Art und Weise handeln. Dadurch bekommen wir ein besseres Gefühl für uns selbst, handeln überlegter und überstürzen nichts. Wenn es doch einmal vorkommt, dass wir in alte Verhaltensmuster fallen, schlecht mit unseren Mitmenschen umgehen oder unüberlegt handeln, sollte uns das nicht lange aufregen und davon abhalten, uns weiterzuentwickeln. Stattdessen sollten wir herausfinden, warum wir uns so verhalten haben und wie wir mit der Situation umgehen können. Hilft es vielleicht, sich bei einer Person zu entschuldigen? Um Unterstützung zu bitten? Neue Pläne zu schmieden? Eine gesunde Reflexion bewirkt, dass wir mehr für die Zukunft lernen, anstatt uns selbst zu verfluchen.

So wichtig es ist, schlechte Verhaltensweisen zu analysieren, ist es auch, sich den guten zu widmen. Sei stolz auf dich, wenn du in einer hitzigen Situation die Ruhe bewahrt hast, und belohne dich, wenn du für ein schwieriges Problem eine Lösung gefunden hast. Merke selber, wenn du in negative Gedanken abdriftest, finde den Grund dafür und erlaube dir, dich zu entspannen, um wieder positiv zu denken.

# DIE KRAFT DES „LAW OF ATTRACTION"

Im Rahmen der Selbstoptimierung durch das Ändern von Gewohnheiten möchte ich mich kurz einem Phänomen widmen, von dem du sicher schon einmal gehört hast; dem Law of Attraction, auf Deutsch Gesetz der Anziehung.

Das Gesetz der Anziehung besagt im Prinzip, dass unsere Gedanken unsere Realität beeinflussen, sie sogar kreieren. Unsere Gefühle, Gedanken und Wünsche beeinflussen unsere Umgebung bzw. die Art, wie wir diese Umgebung wahrnehmen. Das ist dir bestimmt schon einmal aufgefallen, wenn du dich mit etwas Neuem beschäftigst und plötzlich das Gefühl hast, dieser Sache überall zu begegnen. Oder wenn du Angst hast, einer bestimmten Person zu begegnen, und sie auf einmal überall zu sehen glaubst. Das geschieht auf Grund von Vorgängen in unserem Unterbewusstsein, gegen die wir kaum ankommen. Selbst wenn wir versuchen, die Person zu vergessen, der wir nicht begegnen wollen, sehen wir ihr Gesicht trotzdem in anderen.

Wir können uns unsere Gedanken aber auch zu nutze machen und somit positive Dinge in unserem Leben anziehen. Dabei geht es nicht darum, den ganzen Tag nur an Friede, Freude, Sonnenschein zu denken und alle negativen

Gedanken zu ignorieren. Das ist schlicht nicht möglich und ziemlich anstrengend. Der Sinn liegt eher darin, sich auf positive Aspekte zu fokussieren. Festgelegte Gedankenmuster wie „Ich werde nie so hübsch aussehen wie ...", „Ich werde für immer arm sein" oder „Ich schaffe das nicht" vergiften sozusagen unser Unterbewusstsein und Selbstbewusstsein und führen dazu, dass wir schneller aufgeben. Positive Gedanken hingegen, wie „Ich werde es schaffen" können schöpferische Kraft freisetzen und erhöhen dein Selbstwertgefühl.

Noch besser ist es übrigens, wenn du aus dem „ich" ein „du" machst – denn wenn du in Gedanken „Du schaffst das" wiederholst, hört sich das für dein Unterbewusstsein nicht so an, als würdest du versuchen, dich selbst zu überzeugen, sondern es hat den Eindruck, dass die Ermutigung von außen kommt. Du kannst in Gedanken sogar noch einen Schritt weitergehen, um dich schon im Voraus davon zu überzeugen, dass du etwas kannst. Und zwar mit einem einfachen Wechsel der Zeit – „Ich werde es geschafft haben". Damit verinnerlichst du, dass jede noch so schlimme Situation, der du dich stellen musst, irgendwann ein Ende hat, und dass du alles bald durchgestanden haben wirst. Konzentriere dich darauf, wie du dich nach der Herausforderung fühlen wirst. Diese Umstellung der Gedanken hat mehr Macht, als du es dir vielleicht vorstellen kannst. Probier es einmal aus!

## ARTEN DER VISUALISIERUNG

Praktiken der Visualisierung machen sich den Effekt des Gesetzes der Anziehung zu nutze; sie ziehen alle Vorstellungen deiner Wünsche an dich heran. Visualisierung sollte dich auf deiner ganzen Reise hin zu neuen Routinen begleiten, weil sie den Startpunkt darstellt und dich immer wieder motiviert. Dabei handelt es sich im Prinzip um ein deutliches Bild, dass du von dir oder deinen Träumen hast. Das Etablieren gesünderer Gewohnheiten ist eine krasse Veränderung und ein Prozess des Reifens, der verlangt, dass du deine Gedanken so gut wie möglich selbst lenkst. Das ist durch Visualisierung möglich.

Als erstes solltest du dir dafür diverse Fragen stellen, deren Antworten die Form deines neuen Ichs bestimmen. Achte dabei nur auf die Erwartungen, die du an dich selbst hast. Was genau begehrst du? Wie würde dein täglicher Ablauf aussehen, wenn du ihn frei bestimmen könntest? Was möchtest du unbedingt noch tun, bevor du von dieser Welt gehst? Wie geht die optimale Version deiner selbst mit bestimmten Situationen und Menschen um? Ist sie gelassener, willensstärker, dankbarer, kreativer, hilfsbereiter?

Dabei kannst du ruhig in die Details gehen, alles ist dir überlassen. Stelle dir immer wieder Szenarien und Träume vor, die dich bewegen und anziehen. Denke auch an andere Menschen, die Qualitäten haben, die dich besonders beeindrucken und die du schätzt. Nun schreibe alles so genau wie möglich auf, in eine Art Visionen-Mindmap oder ein Tagebuch. Suche dafür einen ruhigen Ort aus und gehe noch einmal tief in dich. Nehme die Visualisierung bewusst als etwas ganz Besonderes wahr, für das du dir Zeit und Geduld nimmst. Mit welcher Art von Menschen möchtest du dich umgeben? Wie wirst du dich fühlen, wenn du dieses und jenes Ziel erreicht hast? Wie wirst du aussehen? Das Niederschreiben deiner Träume lässt sie dich leichter verinnerlichen.

Danach kannst du immer wieder auf die Verschriftlichung deiner Träume zurückkommen und sie dir vor Augen halten. Nachdem du deinen Text gelesen hast, kannst du ihn noch einmal zusammenfassen und irgendwo sichtbar aufhängen, am besten neben deinem Bett oder Schreibtisch. Erinnere dich immer wieder an die Visualisierung und stelle dir dabei vor, wie du ein Kino betrittst. Wenn sich der Vorhang öffnet, siehst du jedesmal dich selbst, wie du deinen Traum lebst und all die Gewohnheiten, die du gerne erlernen würdest, bereits umsetzt.

Das Manifestieren deines Visualisierungsbilds machst du am besten morgens und abends, weil du dich während dieser Tageszeiten am besten auf gedankliche Prozesse konzentrieren kannst. Wie bei den Gewohnheiten kommt es nämlich auch bei der Visualisierung auf die Wiederholung an. Nur so festigt sich deine Vision in dir selbst und gibt dir immer wieder Kraft.

Du kannst deine Ziele nicht nur gedanklich und schriftlich festhalten. Dreiundachtzig Prozent unserer Wahrnehmung geschieht über die Augen und große Teile unseres Gehirns sind speziell auf visuelle Wahrnehmung ausgelegt. Bilder sind die effektivste Art der Visualisierung, weil sie im Gegensatz zu Texten nicht dekodiert werden müssen und viel schneller erfassbar sind. Zudem erinnern wir uns an Bilder noch deutlicher als an Texte.

Um deine Wünsche bildlich zu visualisieren bietet sich ein sogenanntes Vision-Board an. Dazu benötigst du nur ein paar Zeitschriften, Postkarten, ausgedruckte Bilder, einen Bilderrahmen und etwas freien Platz auf einem gut sichtbaren Tisch oder an einer Wand. Nimm dir an einem freien Tag richtig Zeit und schneide aus deinem Material alles aus, was du mit deinem Traumleben verbindest. Das können Bilder von Haustieren sein, von gesunden Lebensmitteln, Sportgeräten, Büchern, Zeitungen, lachenden Menschen, Urlaubsorten, Immobilien, Autos, Kinder - was immer du willst. Füge die Bilder dann in einer Collage zusammen und hänge diese gut sichtbar auf, damit du Aspekte deines Traumlebens immer wieder vor dir hast.

Zwar kannst du ein solches Vision-Board auch in Miniaturform in deinem Tagebuch unterbringen, ein fester Platz in deiner Wohnung, an dem du es wirklich jeden Tag siehst, verstärkt den Effekt aber um ein Vielfaches.

Kleine Erinnerungen an deine Träume kannst du auch digital einrichten. Wenn es z.B. dein Traum ist, eines Tages ein eigenes Haus in einem bestimmten Stil zu besitzen, suche dir ein Foto deines Traumhauses aus dem Internet und setze dieses Bild als Sperrbildschirm für dein Handy, dein Tablet oder deinen PC ein. Wenn du gerne abnehmen und so auf ein gesundes Gewicht kommen möchtest, mache das gleiche mit dem hübschen Foto einer Person, deren Körper du bewunderst. Wenn du eine Person werden möchtest, die viel liest und lernt, stelle dir das Bild einiger deiner Lieblingsbücher als Hintergrundbild ein. So wirst du jeden Tag an dein Ziel erinnert und es festigt sich unterbewusst noch mehr in dir.

# ORDNUNG IST DAS HALBE LEBEN

Diesen Spruch hat wohl jeder von uns schon einmal gehört. Tatsächlich liegt mehr Wahrheit in ihm, als du vielleicht vermuten würdest. Denn Menschen lieben von Natur aus geregelte Abläufe, wodurch so etwas wie Gewohnheiten ja erst entstehen.

Organisiert zu sein heißt, mehr Zeit für die wichtigen Dinge im Leben zu haben und weniger Stress ausgesetzt zu sein. Weniger Stress wiederum verhindert, dass du in alte Verhaltensmuster zurückfällst und sich dein Gehirn vermehrt nach den Belohnungen alter Gewohnheiten sehnt. Wenn du also darüber nachdenkst deine Gewohnheiten zu ändern, ist es sinnvoll, Wert auf Organisation und Ordnung zu legen.

Organisierte Menschen schaffen es, für alles Zeit zu machen. Bestimmt kennst du so eine Person, die Arbeit, Freunde, Familie und Hobby unter einen Hut bekommt und dabei auch noch immer ein Lächeln auf den Lippen hat. Hinter ihrer lockeren, produktiven Art steckt höchstwahrscheinlich einiges an Planung. Sie hat ihre Gewohnheiten und Ansprüche ihrem Umfeld und den Erwartungen an sie angepasst.

Es gibt ein paar Dinge, auf die man bei der täglichen Ordnung besonders achten sollte.

Darunter fällt, dass man immer alles beendet, was man anfängt. Sätze wie „Das erledige ich irgendwann“ oder „Das schaffe ich auch noch morgen“ zu denken ist eine Angewohnheit, die früher oder später zu Schwierigkeiten führen kann.

Minimalismus ist ebenfalls ein wichtiger Begriff. Ob deine Gedanken, deine Finanzen oder dein zu Hause; wenn Chaos herrscht, kannst du dich schlecht konzentrieren und kommst durcheinander. Passe deine Gewohnheiten Verhaltensweisen an, die für Klarheit sorgen und so dein Gehirn unterstützen. Jeden Tag fünf Minuten den Schreibtisch aufräumen, alte Papiere entsorgen, den E-Mail-Ordner durchgehen. Solche kleinen Dinge machen dich entspannter und besser organisiert. Apropos E-Mails - als organisierter Mensch ist es hilfreich, sich die Technologie zu Nutze zu machen. Online Kalender, Softwares, die auf allen Geräten synchronisiert sind, oder Apps sind tolle Möglichkeiten, immer und überall die Übersicht zu behalten und Dinge im Voraus zu planen. Auf diese Weise kann dich nichts mehr überraschen, du bist verlässlich und mit allem vernetzt.

Ich werde in späteren Kapiteln noch näher auf Tipps für Organisation und damit verbundene Produktivität eingehen, die dir schnell dabei helfen, das alltägliche Chaos zu beseitigen.

# HÄUFIGE FEHLER

Kommen wir nun zu häufigen Fehlern, die Menschen vom Festigen neuer Verhaltensweisen abhalten. Je früher du erfährst, welche Risiken auf dich zukommen und wie du ihnen aus dem Weg gehen kannst, desto besser.

Als erstes widme ich mich dem Thema Kontrolle. Kontrolle kann dir dabei helfen, nicht vom Weg abzukommen und dafür zu sorgen, dass du immer am Ball bleibst. Oft glauben wir, alles unter Kontrolle zu haben, aber unsere Einschätzungen sind nicht immer korrekt und führen langfristig zu Misserfolgen. Vertrauen ist gut, Kontrolle ist besser. Dabei kannst du zum einen auf äußere Kontrollinstanzen wie Familienangehörige oder Freunde setzen, denen du von deinem Vorhaben erzählst und die dich dann dabei unterstützen. Besonders gut eignen sich natürlich Personen, mit denen du zusammenlebst und die dich daher sehr gut kontrollieren können. Achte bei deiner Auswahl der äußeren Kontrollinstanz unbedingt darauf, Personen auszusuchen, die dich wirklich unterstützen und dich nicht dazu verleiten, mal wieder in alte Muster zu fallen. Das ist meistens nicht böse gemeint, kann dich aber in deinem Fortschritt behindern.

Zum anderen gibt es noch die innere Kontrollinstanz, das bist du quasi selbst. Es gibt verschiedene Arten, dich selbst zu kontrollieren; du kannst dich regelmäßig wiegen, ein Ernährungs- oder Sporttagebuch führen oder Fotos machen. Diese Art der Kontrolle verhindert Selbstbetrug und gibt dir gleichzeitig einen guten Überblick über deine Fortschritte. Dabei solltest du nicht obsessiv werden und ungesunden Druck auf dich ausüben, sondern lediglich dafür sorgen, deine Ziele nicht aus den Augen zu verlieren. Halte deine Erwartungen an dich selbst gerade so hoch, dass du sie erreichen kannst.

Was ebenfalls von vielen falsch angegangen wird sind die Erinnerungen, die mit neuen Gewohnheiten verknüpft werden. Fängst du beispielsweise mit Schwimmen an und gestaltest deine ersten Gänge ins Schwimmbad direkt sehr anstrengend, verknüpfst du mit der eigentlich gesunden Gewohnheit negative Erinnerungen. Das liegt daran, dass sich unser Gehirn erwiesenermaßen nicht an das Empfinden während eines gesamten Ereignisses erinnert, sondern eher an den intensivsten Moment und vor allem an das Ende des Ereignisses. Den intensivsten und damit erinnerungswürdigsten Moment der Handlung kannst du kaum beeinflussen, das Ende der neuen Gewohnheitshandlung aber schon. Begehe also nicht den Fehler, dich bei dem neuen Automatismus direkt zu verausgaben mit dem Ziel, es hinter dich zu bringen.

Konzentriere dich stattdessen gezielt auf das Ende des Ereignisses und gestalte es so angenehm wie möglich.

Selbst wenn deine neue Gewohnheit des Schwimmens anstrengend ist, nutze die letzten Minuten, um dich etwas im Wasser zu entspannen. Drehe ein paar langsame Runden, springe von einem Turm oder lasse dir Zeit beim Duschen. Das gleiche gilt für andere sportliche Betätigungen wie Joggen. Laufe im letzten Viertel deiner Runde nur noch bergab, behalte ein langsames Tempo bei, mache schnell ein Foto vom Himmel oder plaudere mit einem Nachbarn, der dir entgegenkommt.

Diese schönen letzten Minuten führen dazu, dass dein Gehirn positive Gefühle mit dem Ereignis verbindet und sich dadurch beim nächsten Mal eher dazu motiviert, der Gewohnheit erneut nachzukommen. Auf lange Sicht gesehen sollte sich die Qualität deiner Erfahrungen mit der Gewohnheit immer mehr optimieren.

Zu den größten Fehlern gehört, dass die am Anfang noch brennende Motivation mit der Zeit verschwindet und nicht wiederaufgebaut wird. Gerade gegen solche Rückschläge hilft die Visualisierung, die du dir immer wieder ins Gedächtnis rufst. Alternativ kannst du dir motivierende Videos oder Reden anschauen, in denen Willenskraft und Disziplin hervorgehoben werden. Jeder findet Motivation auf seine eigene spezielle Weise. Finde heraus, was bei dir am besten wirkt, und komme immer wieder darauf zurück.

# EIN FORTWÄHRENDER PROZESS

Ich habe es nun schon öfter erwähnt und möchte es jetzt noch einmal sagen: bekannte Gewohnheiten lassen sich nicht über Nacht ablegen, und auch wenn es leichter ist, neue Automatismen zu erlernen, brauchen sie ebenfalls Zeit, sich zu etablieren.

Geduld ist essenziell für die Persönlichkeitsentwicklung. Je öfter wir mit neuen Dingen, Personen oder Situationen konfrontiert werden, desto mehr gewöhnen wir uns an sie und entwickeln so etwas wie Zuneigung. Bei neuen Gewohnheiten kann es passieren, dass du am Anfang eine starke Abneigung gegen die Handlung hegst. Sei es bei der Ernährungsumstellung, die dir auf Grund deiner bisherigen Ernährung schwerfällt, oder beim Antrainieren neuer Ansichten und Denkmuster, die für dich noch ungewohnt sind.

Mit der Zeit werden solche Abneigungen, gegen die wir uns scheinbar kaum wehren können, immer schwächer. Ähnlich verhält es sich mit unserem Geschmack. Zu Anfang schmeckt uns Kaffee ohne Zucker nicht, doch schon nach ein paar Tagen kann sich das Ändern und unsere Geschmacksnerven gewöhnen sich an den Geschmack.

Bedenke außerdem, dass der größte Gegner beim Koordinieren von Gewohnheiten meist du selbst bist. Wenn du deine Aufmerksamkeit gegenüber deiner Umgebung und deinen Emotionen steigerst, wird es dir leichter fallen, deine eigenen Ausreden zu erkennen. Das ist vor allem in der Übergangsphase von alter zu neuer Gewohnheit kritisch, wenn die gewohnte Verhaltensweise noch ein stärkeres Verlangen nach Belohnung ausübt. Ertappst du dich dabei, nach Ausreden zu suchen, halte dich am besten an deine selbst erzeugten Auslöser für die neue Gewohnheit und denke an deine Visualisierung.

## RÜCKFALL - WAS TUN?

Du hast es geschafft - du hast eine ungesunde, schlechte Gewohnheit abgelegt, bist stolz auf dich selbst und fühlst dich jedes Mal ein bisschen besser, wenn du das aufkommende Verlangen unterdrückst. Doch dann plötzlich der Rückfall. In einem schwachen Moment hast du nachgegeben, nach der Zigarette oder dem Schokoladenriegel gegriffen, bist hitzköpfig geworden oder bist mit dem Auto zur Arbeit gefahren, statt mit dem Fahrrad. Du bist niedergeschlagen und frustriert, hast das Gefühl, die ganzen Mühen der letzten Wochen und Monate waren umsonst. Was tun?

Erst einmal Ruhe bewahren. Nein, die Erfolge der letzten Monate waren nicht umsonst. Nein, ein Rückfall muss dir nicht peinlich sein. Ja, morgen ist ein neuer Tag, an dem du neu starten kannst. Du solltest Rückfälle immer als etwas Natürliches erkennen, das zu jedem Prozess dazugehört. In gewisser Weise ist ein Rückfall auch eine neue Herausforderung, das Zeichen dafür, dass du die alte Gewohnheit noch nicht ganz abgelegt hast und noch weiter üben musst.

Eine gute Strategie ist, erst einmal herauszufinden, wie es zum Rückfall kommen konnte. Hast du dich vielleicht schon vorher emotional erregt und aus dem Gleichgewicht gebracht gefühlt? Dann ist das Risiko für unbedachtes Handeln sowieso erhöht, und vielleicht hast du in dem Moment keinen anderen Ausweg gesehen, als dich durch ein altbekanntes Verhalten wieder zu stabilisieren.

Womöglich ist dir in einer Situation gar nicht in den Sinn gekommen, deine alte Gewohnheit mit einer neuen zu ersetzen. Wenn dir beispielsweise erst beim Aussteigen aus der Bahn auffällt, dass du wieder die ganze Zeit am Smartphone gehangen hast, anstatt zu lesen. Das ist kein Grund, sich deswegen den ganzen Tag schlecht zu fühlen. Es bedeutet lediglich, dass du deine neue Gewohnheit noch mehr verinnerlichen und dir deutlichere Reize erzeugen musst. Nehme die Zeitung oder dein Buch also das nächste Mal schon in die Hand, bevor du in die Bahn einsteigst, oder verstecke dein Handy bewusst ganz tief in deiner Tasche.

Wenn du einmal nachvollzogen hast, wieso du rückfällig geworden bist, fällt es dir leichter, dem Risiko das nächste Mal zu entgehen. Egal, wie häufig du wieder in alte Verhaltensmuster fällst, am wichtigsten ist es, nicht aufzugeben. Lasse keine längeren Unterbrechungen auf deinem Weg zu, denn so verlierst du dein Ziel schnell aus den Augen und alte Gewohnheitsmuster festigen sich wieder. Besinne dich lieber auf deine Visualisierungen und verzeihe dir deine Fehler. Du hast jeden Tag die Chance, dich zu besinnen und noch einmal zu starten.

# BELOHNUNGEN

Bevor wir uns im nächsten Kapitel endgültig neuen, gesunden Gewohnheiten widmen, möchte ich noch einmal auf Belohnungen eingehen. Zu jeder Gewohnheit gehört eine Belohnung, ob gesund oder ungesund. So wie dich Belohnungen von schlechten Gewohnheiten dazu bringen, sie immer wieder auszuführen, bestätigen dich Belohnungen für gute Gewohnheiten ebenfalls. Sie helfen dir dabei, am Ball zu bleiben und jedes Mal aufs Neue motiviert zu sein, die beste Version deiner selbst zu werden.

Vor allem auf lange Sicht lohnt es sich, deine Belohnungen immer mehr zu optimieren und von extrinsischen auf intrinsische umzusteigen. Extrinsische, also externe Belohnungen, wie ein Eis zu essen oder ins Kino zu gehen, sich mit Freunden zu treffen oder andere Erlebnisse, die dir Freude bereiten, haben zu Anfang einen positiven Effekt. Du setzt dir das Ziel, eine alte Gewohnheit mit einer neuen zu ersetzen, und belohnst dich dann mit etwas Schönem. Das festigt die positiven Gefühle, die du mit dem Erfolg verbindest. Längerfristig ist diese Strategie jedoch nicht immer zuverlässig, da externe Belohnung von Faktoren abhängig sind, die du nicht beeinflussen kannst. Schließlich hat die Eisdiele nicht immer offen und deine Freunde haben nicht immer Zeit. Zudem solltest du dich nicht davon abhalten, dir auch einfach mal so etwas Schönes zu gönnen. Der Wert von extrinsischen Belohnungen nimmt darüber hinaus mit der Zeit immer mehr ab und das Risiko steigt, dass du alten Gewohnheiten verfällst.

Intrinsische Belohnungen dagegen liegen in der Motivation für die Gewohnheit selbst. Sie sind in gewisser Weise unerschöpflich, immer präsent und nur von dir selbst abhängig. Wie genau kannst du dich intrinsisch belohnen und motivieren?

Es gibt mehrere Wege. Meiner Erfahrung nach ist vor allem Abwechslung ein wichtiger Faktor, der bei vielen Gewohnheiten Wunder wirkt. Nehmen wir an, du möchtest die alte Gewohnheit, immer mit dem Auto zur Arbeit zu fahren, ablegen. Dafür gewöhnst du dir eine neue Gewohnheit an, nämlich mit dem Fahrrad zu fahren. Weil du das Auto nun immer etwas weiter weg parkst und dein Fahrrad direkt neben die Haustür stellst, veränderst du deine Umgebung so, dass deinem Gehirn der neue Automatismus attraktiver erscheint. Weil du nun schon zwei Wochen immer mit dem Fahrrad zur Arbeit gefahren bist, möchtest du dich belohnen. Das tust du aber nicht mit einem speziellen Erlebnis oder etwas Süßem, sondern lediglich mit Abwechslung – du probierst eine neue Strecke aus. Diese Form der Abwechslung kann auch zu einer Herausforderung werden, die dich dazu animiert, alle Formen der neuen Gewohnheit kennenzulernen.

Du kannst dir außerdem immer wieder klar machen, wie weit du es bereits geschafft hast und was du dir selbst Gutes tust, indem du alte Gewohnheiten ablegst und neue erlernst. Nach einer gewissen Zeit wirst du merken, dass dir externe Belohnungen für deine besseren Verhaltensweisen gar nicht mehr so viel bedeuten. Denn dein Körper merkt selbst, welche Vorteile ihm daraus entstehen und findet die Bestätigung in der Handlung selbst.

Wenn du an diesem Punkt angekommen bist, hast du viel erreicht. Dann sind deine neuen Routinen nämlich so selbstverständlich, dass du gar nicht mehr aktiv an Belohnungen und Reize denken musst. Und selbst wenn du mal „rückfällig“ wirst, wird es dich kaum beschäftigen, weil das dann die Ausnahme ist.

# Neue Gewohnheiten antrainieren

Ich habe bereits erklärt, dass alte Gewohnheiten am besten durch Wiederholung mit neuen Gewohnheiten verändert werden können. In diesem Kapitel gehe ich noch einmal näher auf das Antrainieren neuer Gewohnheiten ein, gebe dir ein paar allgemeine und konkrete Tipps auf den Weg und stelle dann einige gesunde Gewohnheiten vor, die dich garantiert weiterbringen. Dabei gehe ich auf Angewohnheiten ein, die Geist, Körper sowie emotionale Bindungen stärken und sich relativ leicht in das tägliche Leben integrieren lassen.

## ALTEN GEWOHNHEITEN ABSCHWÖREN, NEUE FESTIGEN

Wie beim Ablegen von ungesunden Gewohnheiten, helfen Belohnungen auch beim Lernen von neuen Gewohnheiten. Hierbei gibt es verschiedene Arten, eine Übersicht über deine Fortschritte zu erlangen und dadurch Stolz zu verspüren, der die Motivation am Leben erhält.

Eine Methode, die mir persönlich sehr geholfen hat, ist das Habit-Tracking. Dafür fertigst du auf einem Blatt Papier eine große Tabelle an, wobei jeder Tag des Monats eine Spalte und jede gute Gewohnheit eine Zeile bekommt. Dann machst du jeden Tag ein Kreuz bei den Gewohnheiten, die du heute gemacht hast. Hast du also z.B. am Dienstag dieser Woche 2L Wasser getrunken, warst joggen und hast eine halbe Stunde französisch gelernt, machst ein Kreuz bei den Zeilen „Genug Wasser“, „Sport“ und „Lernen“. Auf diese Weise führst du dir vor Augen, welche Fortschritte du mit welcher Gewohnheit machst, welche dir leicht und welche dir schwerfallen und wie schnell du dich umgewöhnen kannst.

Alternativ kannst du das ganze digital managen. Schreibe jeder neuen Gewohnheit ein Emoji dazu, beispielsweise ein Brokkoli-Emoji für „gesunde Ernährung“, einen Wecker-Emoji für „7 Uhr aufstehen“ oder ein Stift-Emoji für „Tagebucheintrag“. In einer Kalenderapp trägst du dann jeden Tag einen der Emojis ein, sobald du eine neue Gewohnheit gemacht hast. Das macht nicht nur deinen Kalender bunter, sondern ist auch eine prima Möglichkeit, jederzeit Zugriff auf deine Entwicklung zu haben.

Deine Belohnungen kannst du dir auch von einer anderen Person holen. Ich habe schon einmal über Kontrollinstanzen gesprochen, die dich in Form von Mitmenschen kontrollieren und ermahnen, wenn du mal nicht mitbekommst, dass du in alte Muster fällst. Solche Personen sollten dich aber nicht nur auf dem rechten Weg halten, sondern dich zusätzlich motivieren und belohnen.

Besonders hilfreich ist es, wenn du mit einer dir näherstehenden Person einen Pakt schließt, z.B. „Ich werde diesen Sommer zehn Kilo abnehmen“, „Wir werden ab sofort ein Buch im Monat lesen“ oder „Alkohol gibt es nun nur noch an Feiertagen“. Es ist natürlich am praktischsten, wenn die andere Person ebenfalls alten Gewohnheiten abschwört oder neue in ihr Leben integriert. Mache dich aber nie von ihr abhängig, das kann zu ungesundem Konkurrenzverhalten und Frustration führen.

# Körperliche Stärke

Ich werde dir nun eine Reihe von Gewohnheiten vorstellen, die allesamt deine körperliche Stärke positiv beeinflussen. Nur wer sein Äußeres, also seinen Körper, pflegt, stärkt und ihm Aufmerksamkeit schenkt, kann auch geistig auf der Höhe sein. Körper und Psyche sind schließlich eng miteinander verbunden, dass eine kann nicht ohne das andere existieren. Umso wichtiger ist es, auf seine Ernährung und körperliche Betätigung zu achten. Das kann im hektischen Alltag schon mal untergehen, sollte jedoch immer zu den wichtigsten Prioritäten gehören. Denn körperliche Stärke und emotionale Ausdauer beeinflussen sich gegenseitig. Wer regelmäßig einen Spaziergang macht und währenddessen den Tag verarbeitet, ist danach belebt und bereit für neue Ideen und Perspektiven. Wer sich beim wöchentlichen Sport richtig auspowert und einfach mal an nichts denkt, kann sich danach besser und länger konzentrieren. Zudem beeinflusst unsere Ernährung, wie aktiv und produktiv wir uns fühlen.

Die folgenden Tipps und Gewohnheiten helfen dir hoffentlich dabei, gesunde Gewohnheiten für die körperliche und damit auch psychische Stärke zu finden.

## Yoga

Yoga steht bei vielen Menschen auf der Wunschliste, die neue Gewohnheiten erlernen möchten. Kein Wunder, die Praktik ist Sport und Entspannung zugleich und erfreut sich in der westlichen Welt mittlerweile größter Beliebtheit. Es gibt viele verschiedene Arten des Yoga und genauso viele Möglichkeiten, es zu erlernen. Es sorgt für innere Ausgeglichenheit, körperliche Flexibilität, Ausdauer und Kraft. Wer denkt, beim Yoga werden einfach nur ein paar Haltungen eingenommen und danach wird sich entspannt, liegt falsch. Zwar gibt es auch sehr sanfte Yogapraktiken, viele von ihnen sind aber auch echt schweißtreibend und anstrengend.

Um dir Yoga anzugewöhnen gibt es wie gesagt viele Wege. Du kannst dich in einem Kurs in deiner Nähe anmelden, allein oder mit einem Freund zusammen. Du kannst es aber auch ganz alleine zu Hause machen. Dafür brauchst du nur bequeme Sportklamotten, eine Yogamatte und gegebenenfalls einen Yogablock. Und dann kannst du schon loslegen! Auf Y-ouTube gibt es tausende Tutorials, die extra auf Anfänger zugeschnitten sind und dich ganz leicht durch eine ganze Yoga-Session führen. Zudem gibt es spezielle Yoga-Apps und Programme, die dir jede Pose zeigen und erklären.

Wie bei fast allen neuen Gewohnheiten startest du am besten morgens. Selbst, wenn es nur 20 Minuten sind, du wirst dich danach den ganzen Tag ruhiger und ausgeglichener fühlen. Durch die verschiedenen Posen bekommst du ein ganz neues Gefühl für deinen Körper, gleichzeitig ordnen sich deine Gedanken. Probiere dich am besten aus und versuche herauszufinden, welcher Yogastil zu dir passt.

## Intervallfasten

Intervallfasten, auch intermittierendes Fasten genannt, ist eine Art des bewussten Essens, das mehrere gesundheitliche Vorteile mit sich bringt und den Weg hin zu gesünderen Essgewohnheiten ebnen kann. Dabei wird stundenweise auf Nahrung verzichtet, was eine reinigende Wirkung auf den Körper hat. Außerdem lernst du dabei, echte Hungergefühle von Appetit und Heißhunger zu unterscheiden, was dir dabei hilft, bewusster Nahrung zu dir zu nehmen. Zudem wird der Muskelaufbau unterstützt und du kannst dein Gewicht besser halten.

Der typische Rhythmus des Intervallfastens ist die sogenannte 16-8-Methode, wobei am Tag 8 Stunden gegessen und 16 Stunden gefastet wird. Hier kommt es aufs Timing an. Du kannst dein Zeitfenster ganz individuell aussuchen und an deine Gegebenheiten anpassen. Empfehlenswert ist es, um 8.00 Uhr zu frühstücken und dann die letzte Mahlzeit um 16:00 Uhr einzunehmen. Innerhalb dieses Zeitrahmens kannst du essen was du willst, aber übertreibe es mit den Mengen nicht. Am Anfang wird dir das noch schwerfallen, doch die gesundheitsfördernden Aspekte wirken sich positiv auf deinen Körper und Geist aus.

Extremere Formen wie die 5:2-Methode, bei der du 5 Tage essen darfst, was du willst und an 2 Tagen fastest, sind für Einsteiger eher nicht geeignet und können der Gesundheit sogar schaden. Wenn du dir unsicher darüber bist, welche Art des Fastens zu dir passt, informiere dich am besten noch mal bei deinem Arzt.

### Die wichtigste Mahlzeit des Tages

Viele wissen, dass ein ausgewogenes Frühstück eine gesunde Gewohnheit ist. Trotzdem finden einige morgens einfach nicht die Zeit oder die Lust zum Essen. Die Folge: auf dem Weg zur Arbeit wird sich schnell ein Kaffee im to-go Becher und etwas Süßes vom Bäcker besorgt und runtergeschlungen. Die Nachteile dieses Verhaltens liegen auf der Hand. Auf lange Sicht schlecht für den Körper, schlecht für die Umwelt, schlecht für den Geldbeutel.

Wir brauchen Energie, um so schnell es geht fit zu werden uns über einen längeren Zeitraum konzentrieren zu können. Ein ungesundes, schnell hinuntergeschlungenes Frühstück, oder gar überhaupt keines, gibt uns diese Energie kaum. Süße Säfte, Schokoladen-Aufstrich und Unmengen an Kaffee sind echte Kalorienbomben und bringen uns meistens leider nicht die Nährstoffe, die wir brauchen. Solche Leckereien solltest du dir lieber für ein langes Frühstück am Wochenende aufheben, um sie auch richtig genießen zu können. Unter der Woche solltest du beim Frühstück vor allem Wert auf gesunde Fette, Proteine und Kohlenhydrate legen. Geeignete Lebensmittel mit diesen Inhaltsstoffen sind Vollkornbrot, Obst, Eier, Sojaprodukte und Haferflocken. Nüsse, Kerne und Avocados liefen ungesättigte Fettsäuren, Quark oder Joghurt liefern Proteine.

Als Grundlage bietet sich zuckerfreies Müsli an, das mit beigemischtem Obst zusätzlich Vitamine liefert. Um morgens Zeit fürs Frühstücken zu haben, könntest du natürlich etwas früher aufstehen - wenn dir dadurch aber wertvoller Schlaf genommen wird, müssen andere Methoden her. Schneide dir Obst und Gemüse am besten schon abends vor und bewahre es im Kühlschrank auf, schmiere dir Brote vor oder lege Snacks wie Studentenfutter zurecht. Probiere vielleicht mal ein Overnight-Porridge, wofür du lediglich eine Handvoll Haferflocken mit Milch oder Joghurt mischst und hinzufügst, auf was du Lust hast. Früchte wie Beeren oder Banane, Nüsse, Zimt und Honig bieten sich dafür an. Fülle das Gemisch in ein Einmachglas oder eine Dose und lasse es über Nacht im Kühlschrank. Morgens hast du dann ein erfrischendes, leckeres und satt machendes Frühstück. Diese Art der Vorbereitung ist eine tolle Gewohnheit, um deinen Körper mit der benötigten Energie zu versorgen und den ganzen Tag über fit zu bleiben.

## Flüssigkeitszufuhr

Ein Klassiker unter den ungesunden Gewohnheiten: zu wenig trinken. Ohne Wasser könnte kein Lebewesen überleben, wir selbst bestehen aus 60 bis 70% Wasser. Täglich braucht ein Erwachsener im Schnitt 2,5 bis 3 Liter Wasser, um ausreichend mit Flüssigkeit versorgt zu sein. Trinken wir zu wenig hat das fatale Folgen, besonders an heißen Sommertagen. Wir werden schneller müde, können uns nicht konzentrieren, uns wird schwindelig und wir werden leicht reizbar. Das liegt daran, dass Wasser für viele Vorgänge im Körper wichtig ist, z.B. für den Transport von Nährstoffen, den Stoffwechsel oder als Kühlmittel. Süße Softdrinks und Alkohol kühlen uns zwar ab, der Effekt ist aber nur von kurzer Dauer und besonders Alkohol trocknet uns sogar aus. Über einen langen Zeitraum nichts zu trinken kann zu irreparablen Schäden des Organismus führen und sollte nicht auf die leichte Schulter genommen werden.

Um dich selbst ans Trinken zu erinnern, kannst du dir eine Erinnerung im Handy erstellen oder sogar eine extra dafür entwickelte App herunterladen. Es hilft aber schon, einfach immer eine Flasche Wasser in der Nähe zu haben und sie zu sehen. Wenn dir normales Sprudel- oder Leitungswasser zu langweilig ist, kannst du deine Getränke ganz einfach mit Obst und Gemüse aufpeppen. Das liefert zusätzliche Vitamine und sieht zudem schön aus. Besonders eignet sich Zitrone, Gurke, Kiwi, Minze, Beeren, Orange oder Limette. Im Winter bieten sich leckere Tees an, vor allem klassische Schwarz- und Grüntees haben gesundheitsfördernde Eigenschaften und füllen den Flüssigkeitsvorrat des Körpers auf.

Außerdem solltest du immer eine eigene Wasserflasche mitnehmen, wenn du länger unterwegs bist. Das spart Geld und schützt vor allem die Umwelt. Flaschen aus Glas oder Edelstahl halten lange, sind robust und können leicht gereinigt werden. Regelmäßiges Trinken wird dich aktiver machen und schützt dich vor Infektionen, weil Bakterien öfter aus dem Körper gespult werden.

## Tägliche Entgiftung

Um den Körper bei seinen Aufgaben zu unterstützen, bietet sich eine Entgiftungsroutine an. Bereits einfache Maßnahmen können dabei helfen, Giftstoffe aus dem Organismus zu spülen und ihn somit zu unterstützen. Die perfekte Zeit dafür ist morgens. Ich werde kurz auf zwei einfache Arten der Entgiftung eingehen, die du schon morgen früh ausprobieren kannst.

Die erste Methode ist das sogenannte Ölziehen, das sich in letzter Zeit großer Beliebtheit erfreut und von dem du vielleicht schon einmal gehört hast. Die Begeisterung ist berechtigt, denn das Ölziehen ist nachweislich gesundheitsfördernd. Dazu nimmst du einfach jeden Morgen direkt nach dem Aufstehen einen Esslöffel Öl in den Mund und lässt dieses für 5 bis 15 Minuten im Mund. Dabei ist es egal, welches Öl du nimmst, Raps-, Oliven-, Kokos- und Leinöl bieten sich an. Dabei werden die Giftstoffe, die über Nacht vor allem über die Schleimhaut im Mund ausgeschieden werden, aus dieser gezogen und der Organismus gereinigt. Spucke das Öl dann in ein Papiertuch und entsorge es im Müll, damit die Giftstoffe nicht in die Umwelt gelangen. Danach kannst du ganz normal deine Zähne putzen und hast ein frisches Gefühl im Mund. Wenn du dir das Ölziehen angewöhnst und in die morgendliche

Routine einbaust, unterstützt du deinen Körper nachhaltig beim Loswerden von Bakterien, Erregern und Giften.

Eine weitere schnelle Art den Körper zu entgiften sind Drinks aus natürlichen Zutaten, deren Inhaltsstoffe die Funktionen des Körpers unterstützen. Anstatt zum wach werden einen Kaffee zu trinken, versuche es doch einmal mit einem gesunden Smoothie aus Obst und Gemüse oder diesem Drink mit Apfelessig. Bringe dafür 250ml Wasser zum Kochen, fülle es in ein Glas und mische einen Esslöffel naturtrüben Apfelessig hinzu, am besten in Bioqualität. Dazu kommt dann noch ein Spritzer Zitronensaft und ein Teelöffel Honig, der den bitteren Geschmack des Apfelessigs verdrängt. Rühre so lange um, bis sich alle Zutaten vermischt haben, und trinke das Gemisch am besten noch vor dem Frühstück.

Die antibakteriellen, belebenden Inhaltsstoffe entgiften den Körper auf sanfte Weise. Solltest du Probleme mit Übergewicht haben, hilft dieser leckere Drink zudem dabei, das Hungergefühl zu verringern. Mache tägliche Entgiftung zur Gewohnheit und stärke so dein Immunsystem.

# Geistige Stärke

Nun kommen wir zu Angewohnheiten, die dich geistig fit halten und zu einem produktiveren, reflektierten Menschen machen. Ich konzentriere mich besonders auf diese Kategorie, weil ich denke, dass diese Gewohnheiten am schnellsten in dein Leben integriert werden können und viele positive Nebeneffekte haben. Geistige Betätigung heißt in diesem Sinne nicht nur, die grauen Zellen anzustrengen und sich selbst herauszufordern, sondern auch, sich mit den eigenen Gedanken und Emotionen auseinanderzusetzen. Wenn wir über einen längeren Zeitraum gestresst sind, einen gestörten Schlaf haben und dadurch kaum dazu kommen, die Geschehnisse des Tages zu verarbeiten, sind wir schnell überfordert und müde. Ein aktiver Geist ist nicht nur leistungsfähig, sondern nimmt sich auch die Zeit, über die eigenen Gefühle nachzudenken. Wenn du die folgenden Übungen in deinen Alltag integrierst, wird dein Geist gestärkt.

## Tagebuch

Klischeehaft und kindisch? Keinesfalls, Tagebuch zu führen wirkt sich erwiesenermaßen positiv auf unsere Psyche aus und hilft dabei, Ereignisse und Gefühle zu verarbeiten. Diese Art der Reflexion eignet sich nicht nur für Kinder und Jugendliche, sondern hilft auch Erwachsenen dabei, mit ihren Emotionen umzugehen. Bei dieser sehr persönlichen Gewohnheit vertraust du dich sozusagen einer unsichtbaren Person an, mit der du schöne Erinnerungen teilst und frei über das reden kannst, was dich gerade belastet. Stress und Ängste lösen sich besser, wenn du deine Gedanken niederschreibst. Damit hilfst du deinem Gehirn dabei, das Tagesgeschehen zu rekapitulieren, sodass es entlastet wird.

Am besten baust du das Tagebuchschreiben in deine abendliche Routine ein. Nimm dir einfach ein Notizbuch oder einen Zettel, notiere das heutige Datum und fange an, drauflos zu schreiben. Es ist ganz dir überlassen, wie viel du dem Tagebuch mitteilen möchtest. Du kannst sehr detailliert vorgehen und den Tag chronologisch durchgehen, oder du konzentrierst dich auf die größeren Ereignisse. Um dir selbst auf den Grund zu gehen und besser zu verstehen, was dich stress oder bedrückt, fokussiere dich vor allem auf deine Gefühle. Wie hast du dich heute in einer bestimmten Situation gefühlt? Wann warst du am glücklichsten, wann am traurigsten? Wen hast du spontan getroffen oder angerufen, und wie ging es dir dabei? Was belastet dich am meisten, könnte dir jemand eine Sorge abnehmen? Warst du heute wütend, wie hast du diese Wut ausgedrückt?

Solche Fragen zu beantworten hilft immens dabei, Perspektive zu gewinnen und über das eigene Verhalten sich selbst und anderen gegenüber zu reflektieren. Du fühlst dich nach dem Schreiben vielleicht etwas erschöpft, aber sicher auch erleichtert. Auf dem Papier erscheinen Wutausbrüche oft unnötig, Sorgen lächerlich und große Probleme gar nicht mehr so groß. Das entspannt dich und gibt dir die Möglichkeit, emotionalen Ballast loszuwerden, den du womöglich keiner realen Person anvertrauen könntest.

Zudem macht dich das Erinnern an schöne Momente des Tages glücklich und verbessert dein Gedächtnis. Wenn du Tagebuchschreiben zur Routine machst, kannst du nach einiger Zeit außerdem gut verfolgen, wie du dich als Person und wie dein Leben selbst sich entwickelt hat. Probiere es einfach mal aus! Seine Gefühle niederzuschreiben ist therapeutisch, hilft gegen Schlafprobleme und hilft dir dabei, deine Ziele im Blick zu halten.

## To-Do-Listen

Die Gewohnheit, tägliche, wöchentliche oder monatliche To-Do-Listen zu erstellen, nimmt dir ebenso einiges an Stress und hilft bei der Organisation. Wenn gerade viel in deinem Leben ansteht und du dich ständig um etwas anderes kümmern musst, können simple Tätigkeiten wie Wäsche aufhängen oder mit dem Hund rauszugehen schon als großes Hindernis erscheinen. Du versuchst, dir alles Wichtige für den Tag zu merken, und hast vielleicht das Gefühl, im Angesicht der ganzen Verantwortungen ohnmächtig zu werden.

Gegen diese Ohnmacht helfen To-Do-Listen. Wie bereits erwähnt, hilft das Aufschreiben von Gedanken und zu erledigenden Aufgaben dabei, Übersicht zu gewinnen und sich der wichtigen Dinge bewusst zu werden. Mache es dir also zur Angewohnheit, jeden Tag oder zumindest jede Woche auf eine Liste die Dinge aufzuschreiben, die demnächst anstehen bzw. um die du dich kümmern musst. Diese zwei Minuten jeden Morgen werden sich garantiert auszahlen, weil du so einen kurzen Plan für den Tag hast, nichts vergisst und immer weißt, was noch nicht erledigt ist. To-Do-Listen helfen außerdem, nach einem schlechten Start in den Tag aus einem Tief zu kommen. Du hast verschlafen und das Gefühl „Heute geht eh nichts mehr“? Fertige trotzdem eine Liste von Aufgaben an und versuche, wenigstens eine Sache abzuhaken. So fühlst du dich am Abend nicht ganz so schlecht, schließlich hast du wenigstens einen Plan gemacht und eine Kleinigkeit abgehakt.

Schreibe auf deine Liste also auch kleine Tätigkeiten, wie z.B. Papa anrufen, Nägel lackieren oder Blumen gießen. Solche in der Regel schnell erledigten Aufgaben sind ein guter Einstieg und ermöglichen es dir, früh ein paar Punkte von der Liste zu streichen. Auf diese Weise trickst du dein Gehirn quasi selbst aus. Denn durch das Abhaken eines Punktes auf deiner To-Do-Liste werden automatisch Glückshormone ausgeschüttet, du bist stolz auf dich und denkst dir „Jetzt habe ich das und das schon erledigt, da kann ich auch gleich noch dieses erledigen". Deine Motivation bleibt so eher über den ganzen Tag erhalten und am Ende kannst du zufrieden auf all die abgehalten Punkte schauen.

Egal, wie motiviert du bist, versuche trotzdem immer, realistische Listen zu erstellen. Wie lange wirst du für eine Tätigkeit brauchen? Wann legst du Pausen ein? Was hat Priorität, was kannst du auch noch morgen erledigen? Anstatt ellenlange To-Do-Listen zu erstellen, solltest du dich lieber auf das Wichtigste konzentrieren. Aufgaben, die dir groß und schwer vorkommen, teilst du am besten in kleinere Abschnitte ein. Schreibe am Putztag z.B. nicht einfach „Haushalt machen“ auf die Liste, sondern „Fenster putzen, Staubsaugen, Müll runterbringen, Wischen…“ und Ähnliches. So kannst du dich Schritt für Schritt weiterarbeiten und immer wieder etwas abhaken. Deine Produktivität wird sich durch tägliche To-Do-Listen erheblich steigern!

## Dankbarkeitslisten

Eine weitere Liste, die deine Selbstoptimierung fördert, ist die Dankbarkeitsliste. Sie lässt sich, ähnlich wie das Tagebuchschreiben, super in deine Abendroutine einbinden und du solltest sie auch an Tagen erstellen, an denen du mal keine Zeit zum langen Schreiben hast. Es geht nämlich ganz schnell; denke jeden Tag an drei Sachen, für die du an diesem Tag dankbar warst. Das können größere Sachen sein, wie z.B. deine Kinder, dein Haustier oder ein schönes Erlebnis, oder Kleinigkeiten des Alltags, wie ein gefundener Geldschein, ein ruhiger Morgen oder ein interessanter Zeitungsartikel.

Als in einer privilegierten Gesellschaft lebende Menschen vergessen wir oft, wie dankbar wir für die Dinge und Menschen in unserem Leben sein sollten. Wenn wir gesund sind, ein regelmäßiges Einkommen und eine Familie haben, können wir uns schon zu den glücklichsten Menschen der Welt zählen. Nach immer mehr zu streben und das Beste aus sich und seiner Arbeit herauszuholen ist wichtig, denn nur so entwickeln wir uns und werden zu besseren Menschen. Um uns „im großen Bild" zu betrachten und bodenständig zu bleiben, müssen wir uns aber auch immer wieder daran erinnern, was wir bereits haben und wofür wir uns glücklich schätzen können. Wenn wir die positiven Dinge um uns herum wertschätzen lernen, schätzen wir uns auch selbst und haben die innere Stärke, mit Fehlschlägen umzugehen und unsere Ziele zu erreichen.

Die Gewohnheit der Dankbarkeitsliste hilft dir also langfristig bei deiner Persönlichkeitsentwicklung. Außerdem kannst du dir deine Listen mit Dingen, für die du dankbar bist, immer wieder in Zeiten ansehen, in denen du dich mies gelaunt und reizbar fühlst. Dann erinnerst du dich an all die kleinen glücklichen Zufälle und großen Wunder, die dich dein Leben lang begleiten, und wirst merken, wie froh du dich schätzen kannst.

## Meditation

Meditation zur Gewohnheit zu machen ist gar nicht so leicht, wie es sich anhört. Zwar haben wir alle zwischendurch ein paar Minuten frei, in denen wir meditieren könnten, oft beschäftigen wir uns in solchen kleinen Pausen aber lieber mit unserem Handy oder mit einfachem Faulenzen. Dabei ist die Meditation eine echte Wunderwaffe, die uns dabei hilft, Stress zu bewältigen, konzentrierter zu sein, aufmerksamer zu werden und mehr auf uns selbst zu achten. Schon seit Jahrtausenden weiß die Menschheit um die positiven Effekte dieser Praktik und viele erfolgreiche Menschen schwören auf ihre tägliche Meditation.

Egal wie lange oder wie intensiv, ob allein oder mit anderen, die Effekte der Meditation treten sofort ein. Sie ist eine Schulung in Achtsamkeit, bei der du kein Ziel vor Augen hast, sondern einfach nur den Moment erlebst. Es gibt viele informative Bücher und Artikel über das Meditieren, die dir einen Einblick in die Praktik geben. Am besten ist es jedoch, wenn du einfach damit anfängst - so überzeugst du dich selbst am besten von der Meditation.

Als erstes solltest du dir einen ruhigen Platz suchen. Menschen mit viel Erfahrung beim Meditieren können tatsächlich immer und überall meditieren, als Anfänger solltest du an einem dir vertrauten Ort anfangen. Mache es dir bequem! Lass leise Musik im Hintergrund spielen, lüfte nochmal durch, zünde eine Kerze an. Setze dich dann auf einen Stuhl oder ein Sofa und kontrolliere deine Haltung. Du solltest aufrecht sitzen, die Brust ist leicht rausgestreckt. Die Hände liegen locker in deinem Schoß. Jetzt schließt du deine Augen und atmest sehr ruhig und gleichmäßig ein und aus. Versuche, durch den Bauch zu atmen und zu spüren, wie die Luft dich durchströmt. Dein Herzschlag wird langsam. Nun konzentrierst du dich auf deine Gedanken. Versuche, alles Negative und Weltliche loszulassen. Am Anfang werden deine Gedanken noch oft abschweifen. Versuche, sie sanft und liebevoll zurückzuholen. Sei nur im Moment präsent und höre auf deinen Körper. Je öfter du meditierst, desto leichter wird dir dieses Abschalten fallen.

Meditiere mindestens zehn Minuten. Wenn du bei den ersten paar Malen noch sehr unruhig bist und es dir schwerfällt, so lange still zu sitzen, ist das ganz normal. Es wird besser werden, versprochen! Wie kannst du die Meditation nun zur Gewohnheit machen?

Am einfachsten ist es, wenn du dir morgens eine Sitzung einplanst. Direkt nach dem Aufstehen kannst du für ein paar Minuten meditieren und so Kraft für den Tag schöpfen. Aber Achtung, sei während der Meditation immer präsent und aktiv. Auch wenn du sehr entspannt wirst, versuche, nicht einzuschlafen. Morgens ist dein Geist noch ruhig und noch nicht den ganzen Umweltreizen ausgesetzt, daher ist diese Zeit sehr wertvoll. Doch auch am Abend solltest du noch eine Sitzung einlegen. Das hilft dir dabei, den Alltagsstress zu vergessen und in einen ruhigeren Schlaf zu sinken.

Außerdem lohnt es sich, ein Meditationstagebuch zu führen. Darin kannst du deine Fortschritte, Eindrücke und Gefühle festhalten, die du vor, nach und während der Meditation hast. Wenn dir die Motivation Spaß macht und du es geschafft hast, mehrere Wochen lang jeden Tag zu meditieren, kannst du die Dauer der Sitzung verlängern und immer länger meditieren. So wirst du aufmerksamer und ausgeglichener. Übrigens: Für Einsteiger sowie Profis gibt es großartige Meditationsanleitungen, die dich sanft durch die Meditation leiten und dir neue Techniken näherbringen können. Mit dem folgenden QR-Code findest du meinen persönlichen Favoriten, welchen du kostenlos herunterladen kannst.

https://bit.ly/yoga_online_kurs

## Lesen

Was haben Elon Musk, Bill Gates, Oprah Winfrey und Barack Obama gemeinsam? Naja, sie alle sind erfolgreich, gelten als intelligent und müssen sich wahrscheinlich keine finanziellen Sorgen mehr in ihrem Leben machen. Es gibt allerdings noch eine entscheidende Gemeinsamkeit: Sie alle lesen unglaublich viel, teilweise mehrere Bücher im Monat.

Dass Lesen viele Vorteile hat, ist allgemein bekannt. Es macht uns intelligenter, fördert den Wortschatz und unsere Empathie, macht uns kreativer und vermindert vor allem Stress. Interessant dabei ist, dass es nicht unbedingt auf den Lesestoff an sich ankommt. Ob Krimi, Romanze, Sachbuch oder Klassiker; wichtig ist vor allem, das wir uns komplett in der Lektüre verlieren und für ein paar Minuten den Alltag vergessen. Dadurch gewinnen wir Abstand von unseren Problemen und werden gleichzeitig aufmerksamer.

Der Schlüssel zum effektiven Lesen ist, daraus eine Gewohnheit zu machen. Es gibt sicher einige Menschen, die innerhalb weniger Tage einen umfangreichen Thriller verschlingen können, danach haben sie jedoch lange keine Lust mehr aufs Lesen und nehmen erst im nächsten Urlaub wieder ein Buch in die Hand. Sinnvoller ist es, sich jeden Tag ein kleines Leseziel zu setzen und das immer zu erreichen. Finde dafür als erstes heraus, welche Art von Literatur dich gerade interessiert. Bücher zur Selbstoptimierung wie dieses hier oder kreative fiktionale Geschichten gibt es mittlerweile überall leicht zu erstehen. Dann erstellst du dir die Routine. Eine halbe Stunde morgens, ein paar Minuten in der Mittagspause, immer im Zug, abends vorm Schlafengehen? Am besten hast du immer einen bestimmten Zeitrahmen, in dem du dich nur aufs Lesen konzentrierst.

Oder du setzt dir das Ziel, jeden Tag mindestens zehn Seiten zu lesen. So kannst du im Monat schon ein ganzes, durchschnittlich langes Buch lesen! Zur Abwechslung kannst du zudem Zeitschriften, Zeitungen oder Onlineartikel lesen. Diese Angewohnheit wird sich garantiert positiv auf dich auswirken und macht auch noch eine Menge Spaß.

### Niemals aufhören zu lernen

Niemals aufhören zu lernen - ein Grundsatz, den du in Gewohnheiten umwandeln kannst. Ohne regelmäßiges Lernen und Recherchieren findet keine Erweiterung deiner Selbst statt, das steht klar. Die erfolgreichsten CEOs und Firmenchefs wissen das, weswegen sie sich in verschiedenen Bereichen weiterbilden und ihre Erkenntnisse auf die eigenen Milieus übertragen. Nehmen wir beispielsweise Bill Gates. Der Milliardär hat für sich und seine Familie ausgesorgt, könnte sich also zurückziehen, ein paar

Mal im Jahr Vorträge halten und ansonsten fast alle seine Verpflichtungen abgeben. Zu seinen persönlichen Ambitionen gehört es jedoch, auch im fortgeschrittenen Alter immer wieder Neues zu lernen und sich den unterschiedlichsten Projekten zu widmen. Das zeichnet die meisten erfolgreichen (und glücklichen!) Menschen aus, ein Wissensdurst, der sie nicht nur für andere interessant macht, sondern sie auch als Person vorantreibt.

Wenn es um das Erlernen neuer Dinge geht kannst du dich mehr als glücklich schätzen, in diesem Jahrhundert zu leben. Dank neuer Technologien, gesellschaftlichen Entwicklungen und dem Internet hast du die Möglichkeit, dich jeder Zeit über quasi alles zu informieren. Allein dein kleines Handy kann dir, solange es internetfähig ist, fast die ganze Welt erklären und noch viel mehr. Dieses Privileg wird oft unterschätzt, wir realisieren mittlerweile gar nicht mehr, welche Möglichkeiten sich uns durch dieses unbegrenzte Wissen bieten.

Nutze diese Möglichkeit und nehme dir jede Woche oder auch nur jeden Monat ein Thema vor, über das du mehr erfahren möchtest. Kaufe dir Bücher zum Thema, suche nach interessanten Blogs oder Erklärvideos im Internet, tausche dich in Foren mit anderen darüber aus. Wenn du dir das zur Gewohnheit machst, wirst du allgemein viel kreativer, deine Auffassungsgabe verbessert sich, du kannst verschiedene Thematiken besser verknüpfen und stärkst deine Argumentationen in verschiedenen Bereichen.

## Up to date bleiben

Jeden Tag zu wissen, was in der Welt vor sich geht, kann ganz schön fordernd sein. Trotzdem ist es nötig, um in wichtigen Konversationen mitreden und am öffentlichen Diskurs teilnehmen zu können. Du solltest es dir also zu deinem eigenen Vorteil zur Angewohnheit machen, immer up to date zu sein und dich über Neuigkeiten zu informieren.

Dabei musst du nicht unbedingt jeden Tag eine halbe Stunde die Zeitung lesen, auch wenn das sicherlich eine fördernde Gewohnheit ist. Wenn du dafür aber nicht die Zeit hast, mache dir das Internet zu Nutze. Auf Plattformen wie YouTube, Spotify oder Instagram findest du seriöse Nachrichtensender, die kurz und kompakt die Geschehnisse der Welt zusammenfassen, politische Reden analysieren, Vorfälle näher untersuchen, Interviews präsentieren und vieles mehr. Apps von diversen Nachrichtensendern können dir Benachrichtigungen schicken, sobald es Informationen zu einem Ereignis gibt.

Die meisten dieser Angebote sind kostenlos und zuverlässig, du musst dir nur antrainieren, wirklich jeden Tag auf sie zuzugreifen. Nehme dir z.B. jeden Morgen in der Bahn oder immer in der Mittagspause zehn Minuten, um dich auf den neuesten Stand zu bringen. Du wirst schon bald merken, wie dieser tägliche Newsflash dir dabei hilft, deine eigene Meinung zu Themen zu bilden und diese Meinung zu selbstbewusst hervorzubringen.

## Emotionale Bindungen festigen

Andere Menschen sind immer ein wichtiger Teil in unserem Leben und die Bindungen, die wir in unserer Zeit auf der Erde eingehen, bestimmen, wie wohl wir uns fühlen. Dabei ist es egal, ob wir extrovertiert oder introvertiert sind, ob wir lieber nur zwei oder zehn enge Freunde haben oder wie oft wir entfernte Verwandte sehen. Wichtig ist, wie stark unsere emotionalen Bindungen mit anderen sind, wie gesund diese Beziehungen sind und ob wir die Möglichkeit haben, uns gründlich auszutauschen. Weil Menschen soziale Wesen sind, richten sich auch viele ihrer Gewohnheiten nach ihrem Umfeld. Wenn du deine eigenen sozialen Fähigkeiten gut einschätzen und Beziehungen aufrechterhalten kannst, fühlst du dich automatisch sicherer und glücklicher.

Diese Tricks sollen dir dabei helfen, emotionale Bindungen einzugehen, zu festigen und wertzuschätzen. Dadurch wird dir vieles im

Alltag leichter fallen, du wirst aufgeschlossener und dir erschließen sich ganz neue Möglichkeiten.

## Den ersten Schritt machen

Das soll eine Gewohnheit sein? Ja, in der Tat! Es gibt Leute, für die ist es vollkommen normal, in den verschiedensten Situationen den ersten Schritt zu machen. Die erste Person zu sein, die sich freiwillig für etwas meldet, ihre Unterstützung anbietet oder jemanden anspricht. Diese Leute sind höchstwahrscheinlich von ihrem Wesen her soziale Menschen, die über solche Handlungen gar nicht viel nachdenken. Wenn du nicht ein solcher Mensch bist, ist das normal. Wir leben größtenteils in einer Ellenbogengesellschaft, in der jeder auf sich selbst fokussiert ist und nur an seinen Vorteil denkt. Dadurch verlernen wir, offen auf andere Menschen zuzugehen und ihnen ohne Misstrauen entgegenzutreten.

Öfter den ersten Schritt zu machen fühlt sich zu Anfang noch unangenehm, peinlich und vermeidbar an, bringt dir auf Dauer aber viele Vorteile und macht dich zu einem spontaneren Menschen. Diese Gewohnheit kannst du quasi in allen Bereichen etablieren. Du siehst in der Bahn eine Person, die dir interessant vorkommt? Sprich sie an! Auf der Arbeit bekommst du mit, wie dein Chef eine deiner Kolleginnen zu Unrecht kritisiert? Schalte dich ein, statt einfach nur zuzusehen! Du steckst mit deinem Partner in einer Krise und jedem Streit folgt eingeschnapptes Schweigen? Wage den ersten Schritt hin zur Versöhnung, lass es dir nicht peinlich sein zuzugeben, dass dich die Situation belastet.

Wenn du dich in solchen Momenten aktiv dazu entscheidest, den ersten Schritt zu machen, werden die Menschen um dich herum dir dankbar sein und deine positive Energie wahrnehmen.

### Dankbarkeit zeigen

Regelmäßig Dankbarkeit zu zeigen fällt vielen schwer. Nicht zuletzt, weil es manchmal einiges an Mut abverlangt, seine Dankbarkeit offen zu zeigen und zuzugeben, dass man es ohne eine Person schwerer im Leben hätte. Dabei ist Dankbarkeit von zentraler Wichtigkeit für eine gesunde Psyche, wie ich bereits erklärt habe. Dankbarkeit nicht nur anzuerkennen, sondern sie der bestimmten Person auch zu demonstrieren, hat einen heilenden Effekt auf dich selbst und deinen geliebten Menschen. Insbesondere in der heutigen Zeit, in der Anerkennung oft unpersönlich über Social Media gezeigt wird und in der viele Leute ihren Selbstwert über die eigene Darstellung im Netz definieren, ist ein einfaches Danksagen viel wert.

Dabei kannst du kreativ werden und dir für einen Freund oder ein Familienmitglied etwas ausdenken, von dem du weißt, dass es ihm gefällt. Oder du rufst einfach mal an und bedankst dich für eine erhaltene Unterstützung, schreibst einen kleinen Brief oder schenkst der Person eine Kleinigkeit. Mache das Ausdrücken deiner Dankbarkeit für die Personen um dich herum zur Gewohnheit.

Achte auf die Kleinigkeiten, die andere für dich tun, und drücke aus, wie erleichtert du dank ihnen bist. Das hat nichts mit Schleimen oder Anbiedern zu tun, sondern dient dazu, dich selbst und andere dafür zu sensibilisieren, wie wichtig kleine und große Gefallen und damit auch deren Anerkennung sind.

Hat dir das Buch bis jetzt gefallen? Dann würde ich mich über eine kurze Rezension auf Amazon freuen!

## Emotionen zulassen und ausleben

Dieser Punkt ist eng mit der gesunden Reflexion verbunden. Viele Menschen haben es sich unterbewusst zur Gewohnheit gemacht, vor allem negative Emotionen in einer Art Schublade im Kopf zu verstauen und sie nicht weiter zu beachten. Ob im Job, bei Freunden oder zu Hause, es gibt viele Situationen, in denen wir unseren Frust und unseren Ärger einfach runterschlucken. Es gibt sicher Momente, in denen das angebracht ist - vorm Chef auszurasten wird sich langfristig wohl nicht auszahlen. Trotzdem solltest du dir angewöhnen, deine Gefühle nicht nur zu analysieren und zu verstehen, sondern sie auch vollkommen zuzulassen.

Das beste Beispiel dafür ist das Weinen. Abgesehen von Freudentränen wird Weinen meistens mit schlechten Emotionen verbunden, mit Schmerz, Trauer, Wut und Niedergeschlagenheit. Es ist uns oft peinlich vor anderen zu weinen, weil es eine sehr drastische Darstellung von Gefühlen ist und sich die weinende Person in einer verletzlichen Lage befindet. Wer weint, ist bereits am Boden. So scheint es jedenfalls. Dabei ist Weinen ein sehr wichtiger Teil in unserem Leben und hat nichts mit Schwäche zu tun. Es ist ein sehr ursprünglicher Vorgang, der uns teilweise wieder in unsere Zeit als Baby versetzt. Wer Tränen lange zurückhält und sich seinen Emotionen nicht frei hingibt, neigt eher dazu, unter Druck zusammenzubrechen und Niederlagen nur schlecht wegzustecken. Vor allem in stressigen Zeiten kann weinen etwas sehr Befreiendes sein, da emotionale Tränen giftige Hormone enthalten, die im Organismus das Stresshormon Cortisol vermehren. So wird der Stress wirklich aus dem Körper gespült und das Gleichgewicht im Körper wiederhergestellt. Übe dich also darin, dich ab und zu mal richtig auszuweinen, wenn du spürst, dass du überfordert und gehetzt bist. Danach wirst du dich sicher erleichtert fühlen und hast wieder einen klaren Kopf.

Das gleiche gilt auch für andere Emotionen wie Wut. Angestaute Wut kann noch belastender sein als angestaute Trauer und führt des Weiteren zu allgemeiner Frustration, negativen Gedanken und Erschöpfung. Solltest du innere Wut verspüren, nimm dir einen ruhigen Moment und konzentriere dich bewusst auf die Emotion. Spüre für einen Moment die Anspannung dieses Gefühls. Lass die Wut dann los und gehe das Ganze wieder logisch an; was kannst du tun, um die Wut zu vermindern? Kannst du mit jemanden darüber reden, dir vielleicht einen Ratschlag holen? Lasse dich von solchen negativen Gefühlen auf keinen Fall zu unüberlegten Handlungen hinreisen. Spüre die Emotion für ein paar Minuten, konzentriere dich auf sie, analysiere sie und lasse sie dann komplett los.

Diese „Routine“ wird dir dabei helfen gelassener zu bleiben, einen kühlen Kopf zu bewahren und dich nicht von starken negativen Gefühlen leiten zu lassen. Es sensibilisiert dich anderen Wesen und dir selbst gegenüber.

### Aufmerksamkeit anderen gegenüber

Vielleicht kennst du diese Situation: Jemand erzählt dir von einer Sache, die ihn oder sie gerade beschäftigt. Die Story wird länger und länger und länger, du merkst, wie deine Aufmerksamkeit immer mehr nachlässt und kaum noch zuhörst. Du nickst, murmelst kurze Kommentare und denkst die ganze Zeit schon darüber nach, mit welcher eigenen Erfahrung du der Person antworten kannst. Du möchtest in erster Linie als guter Freund und Ratschlaggeber dastehen, auf den sich die Person verlassen kann. Ist das wirklich ehrlich? Womöglich war das ganze auch schon umgedreht, du hast etwas dir Wichtiges erzählt und während der Konversation gemerkt, wie dich die andere Person ständig unterbricht und nicht wirklich zuhört.

Diese Angewohnheit abzulegen kann schwer sein, sollte jedoch zu deinen Zielen gehören, um emotionale Bindungen zu stärken. Versuche zu lernen, richtig zuzuhören und ehrliches Interesse zu zeigen. Nur so können tiefe Beziehungen entstehen, in denen alle Parteien sich gegenseitig unterstützen. Stelle Fragen wie „Wie geht es dir damit“, „Was denkst du wirklich darüber“, „Also verstehe ich das richtig, dass…?“ oder „Kannst du mir das nochmal erklären?“.

So zeigst du, dass du an der Meinung deines Gesprächspartners wirklich interessiert bist. Drücke das zusätzlich mit deiner Körperhaltung aus; beuge dich leicht nach vorn beim Zuhören und schaue der Person in die Augen. Am Anfang musst du dich an diese Handlungen noch selbst erinnern, irgendwann wird es ganz natürlich für dich sein, aufmerksam zuzuhören und auf Zeichen zu achten. Sagt die Person wirklich die Wahrheit? Geht es ihr in Wirklichkeit schlecht? Selbst, wenn du dich bei einer Konversation mal langweilst, versuche wenn möglich alles aufzunehmen und höflich zu bleiben.

## Gemeinsame Rituale

Nichts festigt emotionale Bindungen mehr als gemeinsame Rituale. In der heutigen Zeit gehen Traditionen und Werte häufig verloren oder werden von Konzernen so sehr ausgeschlachtet, dass sie ihre Bedeutung verlieren. Umso wichtiger ist es, eigene Rituale zu kreieren. Ein guter Weg dafür ist gemeinsames Essen. Wird dies zum Ritual, wird mit dem Zusammensein Positives verknüpft, es kommt zu anregenden Gesprächen, jeder redet über seinen Tag und kann sich austauschen. Forscher der Universität in Minnesota haben bei einer Untersuchung sogar herausgefunden, dass der Genuss durch ein Essensritual gesteigert wird. Nur Vorteile also! Nicht nur mit der Familie, auch mit Freunden und Kollegen können solche Rituale etabliert werden. Du kannst z.B. einmal in der Woche mit einer guten Freundin zusammen kochen, oder immer mit Kollegen essen gehen, wenn ein Erfolg auf der Arbeit gefeiert werden muss.

Andere kleine Rituale, die deine emotionalen Bindungen stärken, können das Schicken von netten Nachrichten sowie Überraschungen sein. Außerdem sind Komplimente und regelmäßige Gespräche wichtig. Dabei sollte auf Abwechslung gesetzt werden. Von Smalltalk über tiefe Gespräche, bei denen es auch mal emotional werden kann, sollten in einer Beziehung jeglicher Art präsent sein. Ob über Videochat, per Telefon oder von face to face, es ist wichtig, sich oft zu sehen und auszutauschen. Denke dir eigene Rituale für jede Person aus! Immer ein Foto machen, wenn ihr euch seht, jeden Monat einen handgeschriebenen Brief schreiben, jede Woche gemeinsam Sport machen... Das festigt deine Bindungen und lässt dich deine lieben Menschen noch mehr wertschätzen.

## Nein sagen

Von klein auf lernen wir, dass es unhöflich ist, zu Dingen und Bitten nein zu sagen. Wir bekommen Ärger, wenn wir unseren Eltern erklären, dass wir etwas nicht tun möchten. Das trägt sich bis in unser Erwachsenenleben. Wir haben in vielen Situationen Angst davor, Menschen ein klares und deutliches „Nein“ zu sagen, obwohl das nicht böse, sondern ganz neutral gemeint ist. Wir fürchten uns unterbewusst davor Nein zu sagen, weil wir denken, dadurch eine Beziehung zu stören oder ausgeschlossen zu werden.

Dabei ist das Gegenteil der Fall. Erwachsene, ehrliche Menschen sagen Nein, wenn sie es meinen. Sie begegnen sich auf Augenhöhe und treten selbstbestimmt auf. Wenn du das nicht tust, kann das dazu führen, dass du dir schlicht zu viel aufhalst. Du möchtest anderen Menschen helfen und ihnen Gefallen tuen, dabei übernimmst du dich und kannst am Ende niemandem helfen, am wenigsten dir selbst.

Es ist nicht schlimm, Dinge abzulehnen. Solange du ehrlich bist wird dir niemand böse dafür sein, sondern dich dafür schätzen. Bedenke außerdem, dass du dich nicht immer rechtfertigen musst. Nein heißt in den meisten Fällen einfach nein, ganz einfach. Vermeide es, ständig nach Ausreden zu suchen - viele Leute bemerken das und werden dich dafür geringer schätzen. Stelle dich am besten jeden Tag vor den Spiegel und sage einmal ganz klar und deutlich: Nein. Sei bestimmt und gerade heraus, aber nicht böse oder defensiv. Mache es dir zur Gewohnheit, deine Fähigkeiten und Wünsche richtig zu deuten, und nein zu sagen, wenn du etwas nicht möchtest. Deine Mitmenschen werden dir diese Fähigkeit hoch anrechnen.

# ZIELE ERREICHEN

Gerade am Anfang des Jahres setzen sich viele neue Ziele. Endlich mit dem Rauchen aufhören, nachsichtiger werden, mehr Sport treiben, neue Leute kennenlernen. Nach der anfänglichen Euphorie sinkt die Motivation in den meisten Fällen leider drastisch. Es werden vermehrt Ausreden gesucht, das Gejammer stellt sich ein, schließlich wird ganz aufgegeben. Alte Gewohnheiten gehören wieder zum Alltag, an neue denken wir nur ungern.

Dabei gibt es ein paar einfache Tricks, die dir dabei helfen, deine Ziele schneller und vor allem langfristig zu erreichen. Besonders die Visualisierung ist wieder essenziell. Formuliere dir klare Ziele und erinnere dich immer wieder daran, warum du diese überhaupt erreichen willst. Am sinnvollsten ist es, wenn du dir erst einmal ein großes Ziel vornimmst. Dir am Jahresanfang zu sagen "Ich werde dieses Jahr schlank, ernähre mich vegetarisch und lese mindestens 10 Bücher" ist schlicht zu viel für dein Gehirn und deinen Körper, solch drastische Umstellungen überfordern dich. Nehme dir auch nicht vor "Ich werde gesünder leben", das ist nicht genau genug. Nehme dir eine Sache vor, die du auf jeden Fall erreichen möchtest, wie "Ich werde einmal in der Woche Sport machen". Das ist ein konkretes Ziel, dass du erreichen kannst. Alles andere kannst du immer noch angehen, wenn du dein wichtigstes Ziel erreicht hast.

Binde deine neuen Ziele nicht immer an Silvester. Zwar ist es vorteilhaft, ein besonderes Erlebnis zu haben, nach dem du dir das Ziel fest in den Kopf setzt. Das muss aber kein Ereignis wie Silvester oder dein Geburtstag sein. Der richtige Moment, um deine Ziele zu setzen und sie zu verfolgen, ist immer. Vielleicht machst du einen Spaziergang durch den Park, siehst einen Jogger und dir kommt die Eingebung "So sportlich und aktiv will ich auch sein". Oder du siehst eine alte Freundin wieder und nach einem anregenden Gespräch bist dazu motiviert, mehr auf deinen Konsum zu achten. Solche zielgebenden Momente können jeder Zeit und überall stattfinden. Du musst sie nur wahrnehmen und dich immer wieder an sie erinnern. Wann immer du das Gefühl hast, aufgeben zu wollen, erinnerst du dich an diesen einen Jogger oder an den schönen Tag mit deiner Freundin, erinnerst dich auch an das belebende Gefühl, dass du bei der Eingebung hattest, und nutzt dies, um neue Kraft und Motivation zu schöpfen.

Um dir selbst nicht nur eine Vision, sondern auch einen Plan zu geben, versuche dein Ziel wenn möglich noch mehr zu konkretisieren, wie etwa "Ich werde …kg abnehmen" oder "Ich will 5km in der Woche joggen". Das funktioniert zwar nicht bei allen Zielen, aber bei vielen. Werde kreativ! Wie wär's mit "Ich werde jeden Tag mindestens eine Seite Tagebuch schreiben, "Ich werde einem neuen Verein beitreten" oder "Ich werde nur noch dienstags Fleisch essen".

Als Nächstes kannst du dir genaue Deadlines setzen, an denen du dein Ziel erreicht haben willst. Vielleicht willst du schon in vier Monaten deinen ersten Marathon laufen oder in acht Monaten gelernt haben, deinen Plastikverbrauch aufs Nötigste zu beschränken. Du kannst dir im Handy oder auf dem PC sogar einen Countdown einrichten, der dich immer wieder an dein Ziel erinnert. Damit steigt die Wahrscheinlichkeit, dass du am Ball bleibst und dein Ziel nicht vergisst.

Hilfreich sind zudem Zwischenziele, die du auf dem Weg zum großen Ziel erfüllen kannst. Besonders wenn du dir eine drastische Veränderung in deinem Leben vornimmst oder ein sehr großes Ziel vor Augen hast, sind kleinere Zwischenziele unentbehrlich. Erstelle dir Etappen, die es dir ermöglichen, stetig Fortschritte zu machen und neuen Schwung zu bekommen. Kombiniere die Zwischenziele zusätzlich mit Deadlines, z.B. „In zwei Monaten werde ich vom Auto aufs Fahrrad umgestiegen sein, in fünf Monaten werde ich mein eigenes Gemüse anpflanzen, in zehn Monaten werde ich nichts mehr mit einer Plastikverpackung kaufen", oder „In drei Monaten werde ich jeden Tag laufen, in sechs Monaten mache ich meinen ersten Volkslauf, in acht Monaten den ersten richtigen Marathon". Vergiss nicht, dich auch für erreichte Zwischenziele zu belohnen. Feiere kleine wie große Erfolge mit Freunden und Familie und sei stolz auf dich.

Am Anfang lohnt es sich, klein anzufangen. Dafür ist das Ändern deiner Gewohnheiten perfekt. Schaffe dir neue Routinen, die dich auf dein Ziel vorbereiten bzw. dich ihm näherbringen. Wie immer klappt nicht alles von heute auf morgen, aber wenn du deine Visualisierung immer im Kopf präsent hast, kannst du mit kleinen Veränderungen viel bewirken.

Nichts wird dich mehr motivieren als dein eigener Erfolg und der Zuspruch von anderen. Rede mit dir nahestehenden Personen über das, was du geschafft hast, aber auch über das, was dir noch schwerfällt. Wer weiß, vielleicht hat ja jemand einen wertvollen Tipp für dich und kann dich unterstützen. Alternativ kannst du dich mit anderen in Internetforen und Blogs über deine Ziele austauschen, mit Leuten, die deine Wünsche teilen. Das gibt dir unglaublich viel Kraft und Motivation zum Weitermachen.

Und ganz wichtig; behalte Akzeptanz, Geduld und Dankbarkeit bei. Selbst wenn du deine eigene Deadline überschreitest, kannst du dein Ziel noch erreichen. Erkenne an, wenn es für dich mal zu viel wird, und trete etwas vom Gas. Die meisten Ziele kannst du nur erreichen, wenn du dich ihnen mit Bedacht und Willenskraft näherst. Vertraue dem Prozess und dir selbst. Stelle deine Ziele auch immer wieder in Frage; sind sie immer noch das, was du wirklich willst? Oder macht es dich nicht mehr glücklich, an sie zu denken? Musst du dir vielleicht ein neues Ziel setzen, das dich zufriedener und motivierter macht? Nur du selbst kannst wissen, was für dich das Richtige ist.

# MAXIMALE PRODUKTIVITÄT

Wie zu allen anderen Gewohnheiten sollten auch zu deiner Produktivitätsroutine bestimmte Reize und Belohnungen gehören, die du mit Konzentration verbindest. Einer meiner persönlichen Lieblingstricks ist Musik. Forscher fanden heraus, dass Musik uns automatisch entspannen kann und unsere Emotionen anspricht. Das hast du vielleicht schon mal bemerkt, wenn du traurig warst und dann traurige Lieder gehört hast. Musik kann uns dabei helfen, unsere Gefühle voll auszuleben und noch intensiver zu spüren. Aber nicht nur das, sie kann uns auch helfen, produktiver zu sein.

Jeder Mensch arbeitet anders, viele können sich nur konzentrieren, wenn es absolut still ist. Wenn du aber jemand bist, der Musik im Hintergrund mag und sich von ihr sogar motivieren lässt, würde ich dir empfehlen, dir für die Arbeit ein bestimmtes Genre rauszusuchen. Das kann ruhige klassische Musik sein, Hip-Hop Beats oder Akustikmusik, was immer dir beliebt. Achte darauf Musik zu wählen, die dich nicht großartig ablenkt. Wenn du dich bei Liedern mit deutschen Songtexten kaum konzentrieren kannst, entscheide dich lieber für ein Genre ohne Gesang, oder zumindest Gesang in einer anderen Sprache. Hast du einmal die perfekte Arbeitsmusik für dich gefunden, spiele sie nun immer im Hintergrund, sobald du anfängst zu arbeiten. Irgendwann wird dein Unterbewusstsein deine produktiven Phasen mit der Musik verbinden und es wird dir viel leichter fallen, mit der Arbeit anzufangen, sobald du sie abspielst. Das setzt voraus, dass du das Genre ansonsten nicht allzu oft hörst, sonst geht der Effekt verloren.

Dein Gehör ist nicht der einzige Sinn, den du zur Produktivitätssteigerung nutzen kannst. Ähnlich wie bei Musik kannst du auch mit einem bestimmten Geruch deine Arbeitsphase einleiten. Zünde dafür eine Duftkerzen an oder sprühe ein Raumspray immer dann, wenn du arbeitest. Unterbewusst wirst du mit diesem Geruch deine Produktivität verbinden und es einfacher machen, dich ins richtige Mindset zu bringen.

Das richtige Mindset zum Arbeiten hat außerdem etwas mit deiner Umgebung zu tun. Versuche wenn möglich, immer nur an einem Ort produktiv zu sein, wie z.B. an deinem Schreibtisch. Denn dein Gehirn verbindet verschiedene Modi mit verschiedenen Orten. So verlockend es auch sein mag, vom Bett oder dem Sofa aus zu arbeiten kann dein Unterbewusstsein verwirren, weil du diese Orte normalerweise mit Entspannung und nicht mit Arbeit verbindest. Wenn du dir ein solches Verhalten zur Gewohnheit machst, führt das dazu, dass du dich an deinen „Entspannungstechniken-Orten“ nicht richtig erholen und an deinen „Arbeits-Orten“ nicht richtig auf die Arbeit konzentrieren kannst. Eine klare Abtrennung dieser Bereiche ist vorteilhaft.

Es gibt mittlerweile viele digitale Angebote, die dir dabei helfen können, deine Produktivität zu steigen. Du kannst dir Apps runterladen, in denen du einen Timer einstellen kannst, und die du dann nicht mehr verlassen darfst. Du stellst den Timer z.B. auf 15 Minuten und darfst dann nicht mehr aus der App rausgehen, sonst hast du die Challenge verloren. Durch diese simple Methode wird verhindert, dass du alle paar Minuten aus Langeweile deine sozialen Netzwerke checkst, anstatt zu arbeiten.

Apropos Zeit; hast du schon mal von der Pomodoro-Methode gehört? Diese Art des Zeitmanagements wurde in den 1980er Jahren entwickelt und ermöglicht ein sehr strukturiertes, zielorientiertes Arbeiten. Dabei stellst du dir einen Timer für 25 Minuten und arbeitest in dieser Zeit kontinuierlich an einem Projekt, ohne dich abzulenken. Wenn die 25 Minuten um sind, stellst du einen Timer für 5 Minuten, in denen du dich ausruhen und tun kannst, was du willst. Und dann fängt das Ganze von vorn an; 25 Minuten arbeiten, 5 Minuten Pause. Nach ungefähr vier Pomodoro Sessions solltest du dir eine längere Pause von etwa 15-20 Minuten gönnen. Auf diese Weise werden interne Unterbrechungen wie Abschweifen und Tagträumen sowie externe Unterbrechungen, also Telefonklingeln, E-Mails etc., verringert. Der feste zeitliche Rahmen wird dir schnell ins Blut übergehen und du wirst merken, dass du dich über einen längeren Zeitraum viel besser konzentrieren kannst.

Und noch ein Trick mit der Uhr! Es kommt oft vor, dass sich viele kleine Tätigkeiten aufdrängen, für die wir doch eigentlich gar keine Zeit haben. Dabei handelt es sich vor allem um Erledigungen im Haushalt, die Beantwortung von E-Mails, Aufräumen und so weiter. Diese Sachen vermitteln uns das Gefühl, einer Menge von Aufgaben gegenüberzustehen und nicht die Möglichkeit zu haben, sich den wichtigen Dingen des Tages zu widmen. In einem solchen Fall hilft die 8-Minuten Methode. Sie lässt sich leicht direkt morgens, abends oder einfach zwischendurch in die normale Routine quetschen und dir einiges an Stress nehmen. Stelle einfach wieder einen Timer, diesmal für 8 Minuten. Schaue dich dann um und erledige in diesen 8 Minuten alles, zu was du im Stande bist, so schnell wie möglich. Obwohl die Zeitspanne so kurz ist, kannst du einige der kleinen Tätigkeiten abhaken und schnell hinter dich bringen.

Am besten funktioniert es beim Aufräumen. Ein englisches Sprichwort lautet: „Clear space, clear mind“, zu Deutsch etwa „Aufgeräumte Umgebung, aufgeräumter Verstand“. Wenn überall Klamotten herumliegen oder der Schreibtisch mal wieder aussieht, als wäre gerade eine Bombe eingeschlagen, fällt es uns viel schwerer, uns zu konzentrieren. Nutze also die 8-Minuten Methode, um in kurzer Zeit so gut es geht herumliegende Sachen wegzuräumen, kurz über Tische zu wischen, Stifte einzusortieren, heruntergefallene Notizen aufzuheben und so weiter. Du kannst diese Technik sogar zu einer Challenge umfunktionieren, indem du dir sagst, dass du in 8 Minuten das ganze Zimmer aufgeräumt, alle Klamotten aufgehängt oder alle Schränke abgewischt hast. Das ist extrem motivierend. Nach den 8 Minuten fühlst du dich erleichtert und kannst dich auf das wirklich Wichtige konzentrieren, für dass du mehr Zeit und Fokus benötigst.

Zu jeder produktiven Arbeitsphase gehören Pausen, selbst wenn es nur die 5 Minuten einer Pomodoro-Session sind. Hierbei machen viele den Fehler, sich eine Ablenkung ohne Ende zu suchen. Zu solchen Ablenkungen gehört z.B., sich auf YouTube ein Video anzusehen, mit einem Freund zu telefonieren oder den Fernseher einzuschalten. Das Problem bei solchen Aktivitäten ist, dass sie kein natürliches Ende nehmen. Sie verleiten dich dazu, über die Grenze der festgelegten Pause zu treten. Selbst wenn du dir sagst, dass du nur ein kurzes Video schauen möchtest, ist die Gefahr groß, dass du danach noch weiter schaust. Versuche daher lieber, dir in deinen Pausen Aktivitäten mit natürlichem Ende zu suchen. Mache dir einen Tee oder Kaffee, laufe einmal um den Block, füttere deine Haustiere, gieße alle Pflanzen, meditiere für 10 Minuten. Diese Handlungen kommen alle irgendwann zwangsläufig zum Ende; wenn der Tee fertig gekocht ist, ist er fertig, sind alle Pflanzen gegossen, kannst du nicht noch mehr gießen. Das Ende der Handlungen ist ein klares Signal dafür, dass die kleine Pause nun rum ist und es jetzt wieder ans Arbeiten geht.

Ebenso wichtig sind die Ziele und Deadlines, die du dir selbst setzt. Nutze dabei am besten das Parkinsonsche Gesetz, benannt nach dem britischen Soziologen C. Northcote Parkinson, der herausfand, dass sich unsere Arbeit je nachdem ausdehnt, wie viel Zeit uns zur Verfügung steht. Wenn du also eine wichtige Aufgabe vor dir hast, von der dein Chef sagt, dass du zwei Tage für sie Zeit hast, wirst du sie höchstwahrscheinlich in zwei Tagen fertig stellen. Wenn dir selbst aber vornimmst, es an einem Tag zu schaffen und dir somit eine eigene Deadline schaffst, ist es wahrscheinlicher, dass du die Aufgabe früher fertig bekommst. Und das, ohne dass die Qualität deiner Arbeit abnimmt. Das liegt daran, dass du dich stärker auf die Arbeit konzentrierst, wenn du nicht so viel Zeit hast. Den meisten Menschen geht es sogar so, dass sie unter Druck viel besser arbeiten als ohne. Dabei solltest du natürlich immer realistisch bleiben und dir nicht zu viel aufhalsen, doch wenn du es schaffst, dir eigene Deadlines zu geben, hast du wahrscheinlich mehr freie Zeit.

All diese kleinen Gewohnheiten werden deine Produktivität in hohem Maße steigern, wenn du sie in deine Arbeitsroutine einbaust.

# SELBSTBEWUSSTSEIN STÄRKEN

Nur wer selbstbewusst ist und auf seine eigenen Fähigkeiten vertraut, hat das Zeug dazu, es weit im Leben zu bringen. Was hinter dem Wort Selbstbewusstsein steckt, kommt in vielerlei Weise dem heutigen Trendwort Selbstliebe gleich. In den letzten Jahrzehnten wird auf die Beziehung zu sich selbst immer mehr Wert gelegt - zum Glück, denn so sensibilisieren wir uns nicht nur uns selbst, sondern auch anderen gegenüber. Nur der kann lieben, der sich selbst liebt.

Selbstliebe bewirkt, dass wir geduldiger mit uns umgehen und fest an uns glauben. Diese positive Energie, die von unserem innersten Kern ausgeht, erlaubt es uns, selbstbewusst in die Welt zu treten und zu zeigen, was wir können.

Wenn es darum geht, an uns selbst zu glauben, sind wir oft eher streng mit uns. Während wir Partner, Eltern oder Freunde problemlos lieben können, fallen uns an uns selbst immer wieder Dinge auf, die uns nicht gefallen - wie z.B. schlechte Gewohnheiten. Das ist nur menschlich, trotzdem gibt es ein paar Methoden, die dir dabei helfen können, dich selbst zu schätzen und selbstbewusster zu werden. Denn

Selbstliebe und Selbstbewusstsein lassen sich erlernen.

Erneut übernimmt deine Aufmerksamkeit eine wichtige Rolle. Nur du selbst kannst merken, wie du dich fühlst und was dir fehlt. Gehe aufmerksam mit deinem Körper um und gönne dir immer wieder Selbstfürsorge. Stelle dir eine Wohlfühlroutine zusammen, in der du für dich selbst ein gesundes Abendessen kochst, deine Lieblingsserie schaust und dich mit Körperprodukten pflegst. Nimm nach stressigen Tagen ein Bad, gehe in die Sauna oder mache Yoga. Frage dich selbst nach deinen körperlichen Grundbedürfnissen. Isst und schläfst du genug? Trinkst du ausreichend? Fühlst du dich niedergeschlagen oder schlapp? Die Signale deines Körpers solltest du ernst nehmen. Vergiss zudem nicht, regelmäßige Check-ups beim Arzt zu machen. Probleme wie Niedergeschlagenheit und Müdigkeit können körperliche Ursachen haben, an die du gar nicht gedacht hättest, wie Eisen- oder VitaminB Mangel.

Ein echtes Gift für dein Selbstbewusstsein ist das Vergleichen mit anderen. Du solltest deine Fähigkeiten und Stärken, auch hinsichtlich deiner Gewohnheiten, an individuellen Maßstäben messen. Zwar kann Konkurrenz motivierend sein, auf Dauer solltest du sie aber aus deinem alltäglichen Leben verbannen. Achte immer nur auf deine eigene Entwicklung. Wie hast du dich körperlich und geistig weiterentwickelt? Bist du noch die gleiche Person, die du vor einem, zwei, drei Jahren warst? Lebst du heute gelassener, nachhaltiger, glücklicher? Besinne dich immer wieder auf deine Fortschritte und sei dankbar für das, was du bereits geleistet hast.

Um dein Selbstbewusstsein weiter zu steigern ist es zudem unabdingbar, regelmäßig aus deiner Komfortzone zu treten. Probiere etwas Neues aus, sobald sich dir die Möglichkeit bietet, selbst, wenn du anfangs vielleicht Angst davor hast. Diese Angst darf dich nicht davon abhalten, dich Dingen zu stellen und Ungewöhnliches auszuprobieren. Nichts stärkt das Selbstbewusstsein so sehr, wie sich etwas zu trauen. Dabei musst du nicht direkt an Bungee-Sprünge oder Weltreisen denken. Es kann schon eine Herausforderung sein, einen alten Freund anzurufen, mit dem du lange keinen Kontakt hattest, oder auf jemanden zuzugehen, der dir gefällt. In den meisten Fällen laufen solche Ereignisse nie so schlimm, wie du sie dir vorher ausmalst, und geben dir ein Gefühl von Stolz, Erleichterung und Vertrauen in dich selbst.

Übe dich außerdem in Eigenverantwortung und Lösungsorientierung. Anstatt dich in schwierigen Situationen in eine Opferrolle hineinzusteigern, solltest du stets lösungsorientiert denken und Verantwortung übernehmen. Nehme dich Problemen an, die du nicht unbedingt selbst verursacht hast. Biete deine Hilfe an und nimm sie selbst an, wenn es erforderlich ist. Diese Merkmale zeugen von Professionalität und machen dir deine Grenzen bewusst. Nur wenn du weißt, wie belastbar du bist, kannst du deine eigenen Möglichkeiten einschätzen und dich selbst immer wieder übertreffen.

Ein selbstbewusstes Auftreten kann viel bewirken. Achte deswegen auf deine Körperhaltung, denn sie symbolisiert deine Wahrnehmung und Autorität. Je besser deine Haltung ist, desto mehr bist du selbst von deiner Souveränität überzeugt. Richte dich auf, nimm die Schultern nach hinten und unten, blicke nach vorn und mache starke, große Schritte beim Gehen. Erinnere dich zwischendurch immer wieder an deine Körperhaltung und korrigiere sie, wenn nötig. Wenn du während der Arbeit mal unkonzentriert bist und einen Durchhänger hast, dehne dich ausgiebig und betrachte deine gerade Haltung im Spiegel. Ist deine Wirbelsäule voll durchgestreckt, sind deine Schultern locker und deine Gesichtsmuskeln entspannt, kannst du ein paar mal tief einatmen und aus der Pose neue Kraft ziehen.

Des Weiteren hat auch dein direktes Umfeld starken Einfluss auf dein Selbstbewusstsein. Denke mal intensiv über die Menschen nach, denen du täglich begegnest und die dich gut kennen. In welcher Weise reden sie mit dir?

Vertrauen sie sich dir an? Unterstützen sie dich oder kritisieren sie dich ständig? Sind sie von Grund auf eher pessimistisch und wehleidig eingestellt? Über die Art und Weise, wie dich andere wahrnehmen und wie sie mit dir umgehen, kannst du viele Schlüsse über dich selbst ziehen. Sei offen für Kritik, nehme aber auch wahr, wenn eine Person keinen guten Einfluss auf dich hat und dich in deiner Entwicklung stört. Du solltest versuchen, dir ein möglichst starkes und unterstützendes Umfeld aufzubauen, das dir Energie spendet und dem du selbst Energie schenken kannst.

Als eine Art Soforthilfe bei schwindendem Selbstvertrauen und Motivation hilft einfaches Lächeln. Stelle dich vor einen Spiegel und lächle, selbst wenn dir in dem Moment nicht danach ist. Der bloße Akt an sich beruhigt dich unterbewusst und entspannt dich. Diesen Trick kannst du anwenden, bevor du z.B. ein wichtiges Meeting oder eine Rede halten musst, um deinem Körper das Signal zu geben, dass alles in Ordnung ist.

Da wir gerade beim Lächeln sind; regelmäßiges Lachen über sich selbst hebt das Selbstvertrauen ebenso. Nimm dich nicht zu ernst, gestehe deine Fehler ein und nimm unangenehme Momente mit Humor hin. Die Menschen um dich herum werden dir größere Anerkennung zusprechen, wenn du zeigst, dass du locker und ungezwungen mit eigenen Fehlschlägen umgehst und dich offen für Verbesserungsvorschläge zeigst.

Wie bei fast allem im Leben kommt es auch beim Selbstbewusstsein auf das richtige Maß an. Gesundes Selbstvertrauen macht dich stärker und attraktiver, ungesundes hingegen lässt dich arrogant wirken, so als ob du alles nur spielen würdest. Dein Selbstbewusstsein sollte immer ehrlich aus dir selbst entspringen, denn nur wenn es echt ist, überzeugt es auch andere.

# DIE EFFEKTIVSTEN TIPPS AUF DEN PUNKT GEBRACHT

So viele verschiedene Techniken und Arten, seine Gewohnheiten zu koordinieren - da kann man schon mal durcheinanderkommen. Keine Sorge, ich werde dir nun die wichtigsten Tipps und Tricks noch einmal kurz zusammenfassen, damit du sie dir auch wirklich gut einprägen kannst. Denn wie wir ja wissen ist der Schlüssel zum effektiven Lernen Wiederholung, Wiederholung, Wiederholung!

1. <u>Bestandsaufnahme</u>

Werde dir als erstes darüber bewusst, wie dein jetziger Alltag aussieht. Was gefällt dir, was möchtest du ändern? Welche ungesunden Gewohnheiten stören dich am meisten und warum?

2. <u>Visualisierung</u>

Als nächstes musst du dir darüber klar werden, was du wirklich willst. Welcher mensch möchtest du sein? Wie verhält sich dieser Mensch, was besitzt er, auf was ist er stolz, was sind seine Werte? Halte deine Visualisierung in einem Vision-Board oder einem Tagebuch fest, komme immer wieder auf sie zurück, um dich neu zu motivieren.

## 3. Alte Gewohnheit ablegen, neue erlernen

Widme dich einer bestimmten Gewohnheit, die du loswerden willst. Verändere deine Umwelt so, dass die Reize, die dich zu ihr verleiten, verändert oder nicht mehr existent sind. Gebe dir selbst neue Reize und Belohnungen, die dein Gehirn davon überzeugen, dass die alte Gewohnheit ihm keinen Nutzen mehr bringt. Etabliere eine neue Gewohnheit, die für dich gesund ist und dich deinen Zielen näherbringt. Sei realistisch und finde immer wieder Freude daran, der neuen Gewohnheit nachzukommen. Tausche dich mit anderen über deine Entwicklung aus und sei nicht lange missmutig, wenn du einen Rückfall hast. Erinnere dich immer wieder daran, wieso die neue Gewohnheit gut für dich ist. Trickse dich selbst aus, mach es dir schwer, in alte Verhaltensmuster zu fallen. Sei aufmerksam und nimm die Gegenwart wahr, ohne sich zu bewerten. Konzentriere dich nur auf deine eigenen Fortschritte.

## 4. Neue Ziele setzen

Wenn du eine alte Gewohnheit abgelegt und sie durch eine neue, gesunde ersetzt hast, kannst du mächtig stolz darauf sein. Teile deinen Erfolg mit anderen. Es ist nicht schlimm, ab und zu dem alten Automatismus zu verfallen, mache daraus aber keine Regelmäßigkeit. Suche dir nach einer kurzen Pause ein neues Ziel und eine neue Gewohnheit, die du unbedingt erlernen willst.

# Bonus: Die 30-Tage Challenge

Jetzt weißt du schon eine ganze Menge über die Psychologie hinter Gewohnheiten und deiner Selbstoptimierung, nicht wahr? Dieses Wissen wird dir jedoch nur langfristig etwas bringen, wenn du es auch in deinem eigenen Leben umsetzen kannst. Um zu erproben, wie gut du mit den verschiedenen Praktiken zum Abgewöhnen und Lernen von Gewohnheiten zurechtkommst und welche Tricks dir am meisten dabei helfen, kannst du diese 30-Tage Challenge ausprobieren.

Wieso ausgerechnet 30 Tage? In der Forschung gibt es einige Debatten darüber, wie lange Gewohnheiten wirklich brauchen, um sich zu festigen. Es gibt immer mehrere Faktoren, die für die Dauer der Veränderung relevant sind. Zum einen kommt es auf den Schwierigkeitsgrad der Gewohnheit an. Sich anzugewöhnen, nach dem Essen direkt die Teller abzuwaschen, lässt sich leichter erlernen, als jede Woche Sport zu treiben. Außerdem ist wichtig, wie stark die alte Gewohnheit etabliert war, wie erstrebenswert das Ziel hinter der neuen Gewohnheit ist und wie gut es mit deiner eigenen Motivation steht. Je nachdem kannst du deine

Gewohnheiten innerhalb einer Woche ändern, vielleicht brauchst du aber auch Monate. So oder so solltest du immer darauf achten, dein eigenes Tempo einzuhalten.

Bei dieser Challenge habe ich mich für 30 Tage entschieden, weil ich denke, dass dieser Zeitraum für „Anfänger" in Sachen Gewohnheiten ändern angemessen ist. Es gibt Studien die davon ausgehen, dass sich eine Tätigkeit erst ab 60 Tagen als feste Gewohnheit etabliert. Dabei handelt es sich allerdings um den Durchschnittswert einer Studie, in der Probanden eine Gewohnheit teilweise in 18, teilweise in über 100 Tagen erlernt haben. Wie bereits erwähnt, spielt beim Prozess einiges eine Rolle. In den 30 Tagen sollst du vor allem lernen herauszufinden, ob die neue Gewohnheit wirklich das Richtige für dich ist und wie ernst du es mit ihr meinst.

Wenn du eine neue Gewohnheit lernst, wird sich dein Gehirn erst einmal dagegen wehren, weil es automatisch auf Altbewährtes setzt. Mit der Herausforderung, die Gewohnheit trotzdem mindestens 30 Tage konsequent durchzuführen, kannst du es austricksen – indem du dir sagst, dass es ja nur 30 Tage sind und du danach auch wieder aufhören kannst.

Und so fängst du an: Du suchst dir eine gesunde Gewohnheit, die du am besten schon seit längerem in deinen Alltag integrieren würdest.

Weil deine Willenskraft kostbar ist und du dich nicht verausgaben solltest (da du sonst scheiterst), beschränke dich auf eine Gewohnheit. Das Erlernen neuer Automatismen ist immer eine Herausforderung, die du am besten individuell angehst. Nach ein paar Wochen kannst du dir immer noch etwas Neues aneignen.

Sei realistisch. Verlange nicht von dir, innerhalb der 30 Tagen 20 Kilo abzunehmen oder zehn Bücher zu lesen. Setze dir ein erreichbares Ziel und führe die Gewohnheit dann jeden Tag aus. Konsequenz lautet jetzt das Zauberwort. Hast du die Challenge einmal begonnen, zählt wirklich jeder Tag. Markiere dir das Start- und Enddatum am besten sofort und achte jeden Tag darauf, der neuen Gewohnheit nachzukommen. Selbst wenn du nach ein paar Tagen das Gefühl hast, dass der neue Automatismus doch nichts für dich ist, mache immer weiter. Es sind ja nur 30 Tage! Danach steht es dir frei, die Gewohnheit wieder abzulegen.

Anfangs wird es dir wahrscheinlich schwerfallen, dich zur Gewohnheit zu zwingen. Doch wenn du wirklich jeden Tag gewissenhaft an der Challenge festhältst, wird es dir höchstwahrscheinlich immer leichter fallen. Erlaube dir innerhalb der 30 Tage keine langen Pausen. Sobald du die Gewohnheit einmal in deine tägliche Routine eingebaut hast, ist es nicht schlimm, sie ab und zu schleifen zu lassen.

Während dieser ersten Testphase jedoch sind Rückfälle tabu. Du musst deinen inneren Widerstand überwinden, um wirklich eine Veränderung zu bewirken. Fällt es dir einmal schwer, die Challenge durchzuziehen, erinnere dich daran, wieso du dich für diese eine Gewohnheit entschieden hast und motiviere dich erneut. Besinne dich auf deine Visualisierung und die Vorteile, welche dir durch die neue Routine ermöglicht werden.

Wenn die 30 Tage um sind, hast du die Wahl. Aufhören oder Weitermachen? Innerhalb der Testphase solltest du herausgefunden haben, ob du die neue Gewohnheit langfristig beibehalten möchtest. Wenn du dir noch unsicher bist, ist das kein Problem. Verlängere die Challenge einfach um weitere 10 Tage und sieh, was passiert. Falls du dir sicher sein solltest, dass die Gewohnheit nicht zu deinem täglichen Leben passt und dir womöglich mehr Probleme als Vorteile bringt, vergesse sie, ohne nachzutrauern. Dann hat es mit dieser Gewohnheit eben nicht geklappt. Glücklicherweise gibt es ja noch hunderte andere, die du ausprobieren kannst. Womöglich hattest du dir auch ein zu hohes Ziel gesetzt, Du solltest auf jeden Fall stolz darauf sein, dass du die 30 Tage durchgezogen hast.

Bis sich eine neu gefundene Angewohnheit wirklich durchgesetzt hat, kann nach den 30

Tagen noch etwas Zeit vergehen. Aber du hast schon mal bewiesen, dass du es mit ihr ernst meinst und bereit bist, sie konsequent durchzuziehen. Je nachdem, welche Gewohnheit du als nächstes 30 Tage ausprobieren willst und wie groß die Umstellung ist, solltest du etwa zwei Wochen warten.

# Nachwort

An dieser Stelle möchte ich mich bei dir herzlich dafür bedanken, dass du mein Buch gelesen und hoffentlich genossen hast. Ich beschäftige mich seit Jahren mit menschlichem Verhalten und bin immer wieder überrascht davon, wie viel wir noch über die Mechanismen in unseren Köpfen lernen können.

Ich hoffe, dass dir dieser Ratgeber dabei geholfen hat, dich und andere besser zu verstehen. Sich seiner eigenen ungesunden Gewohnheiten bewusst zu werden und die Motivation aufzubringen, sie zu ändern, kostet bereits einiges an Mut und Disziplin. Mit Rückschlägen umzugehen und sich nicht von ihnen runterziehen zu lassen ist noch schwieriger.

Ich bin trotzdem fest davon überzeugt, dass jeder die Möglichkeit und den Willen dazu hat, seine ungesunden Gewohnheiten zu ändern und dadurch ein glücklicherer und erfolgreicherer Mensch zu werden. Vielleicht kannst du meine Tipps ja wirklich von heute auf morgen ausprobieren und bist so motiviert, dass dir das Abgewöhnen oder Angewöhnen eines Automatismus ganz leicht vorkommt. Womöglich tust du dich über einen längeren Zeitraum sehr schwer damit, deine Routinen zu ändern und deine Ziele der Selbstoptimierung durchzusetzen. Egal wie leicht oder schwer deine Reise ist, wenn du dich an die wichtigsten Lehren und Tricks dieses Ratgebers hältst, wirst du deinen Weg stets weitergehen.

Interessierte Leser wie du geben mir den Ansporn, nach immer mehr Möglichkeiten zu suchen, sich selbst kennen und schätzen zu lernen.

Falls dir mein Buch gefallen hat, würde ich mich über eine kurze Rezension auf Amazon freuen!

Ich wünsche dir viel Erfolg auf deinem weiteren Weg!

Dein Benedikt

# WEITERES BUCH VON BENEDIKT WALSMANN

## Der beste Weg zu mehr Gelassenheit für deinen persönlichen Erfolg!

- Geht dir der ständige Stress in Freizeit und Beruf bisweilen gehörig auf die Nerven?
- Möchtest du den Anforderungen des Alltags gelassener begegnen?
- Bist du bereit, dafür ein paar kleine Veränderungen deiner Lebensweise vorzunehmen?
- Hast du Lust, mit zielführenden Übungen die gewünschte Gelassenheit zu trainieren?

Dann ist dieses Buch der passende Einstieg für dich. Auf etwa 120 Seiten zeige ich dir, wie du auf dem Weg der Gelassenheit erfolgreich vorankommen kannst.

Das ist übrigens gar nicht so schwer, wie es anfangs klingen mag. Drei Mal tief Luft holen reicht bisweilen schon, um eine spontan auftauchende Stressattacke ein Stück weit auszubremsen. Wenn es dir jedoch gelingt, ein grundsätzlich gelassener Mensch zu werden, wirst du solche reagierenden Maßnahmen gar nicht mehr benötigen, weil der Stress dich kaum noch aus dem Gleichgewicht bringen kann. Bis du so weit bist, braucht es jedoch ein wenig Geduld und wenn du diese aufbringst, hast du in Sachen Gelassenheit schon viel erreicht.

# HAFTUNGSAUSSCHLUSS

Der Inhalt dieses Buches wurde mit großer Sorgfalt geprüft und erstellt. Für sämtliche Inhalte kann jedoch keine Garantie übernommen werden. Dies gilt weder für die Richtigkeit, Vollständigkeit, noch Aktualität der Inhalte. Alle enthaltenen Informationen basieren lediglich auf die eigene Meinung und persönliche Erfahrung des Autors. Der Inhalt darf keines Falls als medizinische Hilfe gesehen werden. Für selbstverursachte Schäden und Fehlhandlung des Lesers wird daher keine juristische Haftung seitens des Autors übernommen. Zudem garantiert der Autor keinerlei Erfolge mit dem im Buch erwähnten Informationen, da diese wie oben genannt nur auf persönliche Erfahrung des Autors basieren und lediglich als Unterhaltung dienen sollen. Die Verantwortung für die im Buch beschriebenen Ziele liegt einzig und allein beim Leser selbst. Gleichzeitig wird keine Haftung auf den im Buch angegebenen Quellen und externen Webseiten übernommen. Für all diese Inhalte ist einzig und allein der jeweilige Webseitenbetreiber verantwortlich, weshalb der Autor automatisch von einer Haftung ausgeschlossen ist.

# IMPRESSUM



1. Auflage 2020



RedFOX VERLAG

*www.redfox-verlag.de*

Kontakt: Michael Stüssi / Seestrasse 65 / 8820 Wädenswil

Covergestaltung: Coversboss

Coverfoto: Coversboss

Printed in Poland
by Amazon Fulfillment
Poland Sp. z o.o., Wrocław

82064317R00083